W0203822

hänssler

BARBARA JOHNSON

LACHFALTEN GRATIS!

HUMOR BEWAHREN ZWISCHEN SCHNULLER UND PROTHESE

Barbara Johnson ist eine in den USA sehr bekannte und beliebte Rednerin und Humoristin. Sie ist Autorin zahlreicher Bücher und Gründerin der Organisation »SPATULA«, die Eltern helfen möchte, deren Kinder sich in der Homosexuellenszene befinden.

Hänssler-Paperback
Bestell-Nr. 393.953
ISBN 3-7751-3953-2

Originaltitel: Leaking Laffs Between Pampers and Depends
Übersetzung: Dr. Friedemann Lux

Internet: www.haenssler.de
E-Mail: info@haenssler.de
Umschlaggestaltung: Vaihinger Satz & Druck, Vaihingen/Enz
Titelillustration: Dennis Hill
Die Verwendung der Cartoons im Innenteil erfolgte
mit freundlicher Genehmigung.
Satz: Vaihinger Satz & Druck, Vaihingen/Enz
Druck und Bindung: Ebner & Spiegel, Ulm
Printed in Germany

Inhalt

Was auf Sie zukommt

1. Warum Bücherschreiben wie Kinderkriegen ist ... 9

2. Wer sind diese Kinder, und warum nennen sie mich »Mama«? ... 28

3. Wie man eine fröhliche Frau wird – so tun, als ob ... 51

4. Schönheitskurs für Fortgeschrittene ... 76

5. Wir haben mit nichts angefangen, und das meiste davon haben wir noch ... 99

6. Wenn Sie *einen* Mann auf den Mond schießen können, warum nicht gleich alle? ... 122

7. Wenn es abwärts geht, halten Sie die Straßenkarte wahrscheinlich verkehrt herum ... 146

8. Barbara kommt zum Regenbogen ... 172

Diverse Dankeschöns ... 200

Für alle, die es genau wissen wollen: die Anmerkungen ... 202

Mit Freuden widme ich dieses Buch
Larrene Hagaman,
deren übersprudelndes Wesen
und ansteckende Begeisterung
sie zu meiner lachenden
Lieblingsmitverschwörerin gemacht haben!

Und du sollst heißen: »Der die Lücken zumauert
und die Wege ausbessert.«
(Jesaja 58,12)

WARUM BÜCHERSCHREIBEN WIE KINDERKRIEGEN IST

Oder: Chaos-Theorie für Fortgeschrittene

Vor kurzem hat ein kluger Mensch bemerkt, dass ein Kind kriegen ganz ähnlich ist wie ein Buch schreiben.[1] Was ich als Frau, die vier Söhne und über ein Dutzend Bücher zur Welt gebracht hat, nur bestätigen kann.

Das Baby beginnt oft als ein kleiner Funke – Sie wissen schon, dieses Glitzern in den Augen. Das Gleiche passiert, wenn ein Buch gezeugt wird: ein kleiner Funke im Gehirn, der das Feuer der Gefühle anfacht. Kein Zweifel: Der Zeugungsakt (beim Bücherschreiben nennt man das die Idee) ist das Einfachste an dem Projekt!

Aus dem winzigen Samen wächst im Leib der Mutter das Kind. Im Kopf des Buchautors wird aus der Idee die Gliederung des Buches; Gedanken entwickeln sich allmählich zu Kapiteln. In diesem Stadium des Werdeprozesses beginnen die werdenden Eltern mit ihren Tagträumen von lockenhaarigen kleinen Engeln, die geräuschlos in geschmackvoll eingerichteten Kinderzimmern spielen, wenn sie nicht gerade schlafen. Und dem werdenden Autor schwebt das perfekte, vollendete Werk vor Augen, das als Bestseller gleich hinter der Bibel kommt.

Es kommt zur amtlichen Bestätigung der Schwangerschaft. Ein Vertrag wird unterzeichnet und ein Abgabetermin vereinbart (wie kann man nur etwas so Schönes »Abgabetermin« nennen?), der in dunstiger Zukunftsferne zu liegen scheint – fast ein ganzes Jahr, oder zwei, drei Jahreszeiten. Zeit satt – denke ich und pfeife ein Liedchen, während ich meinen nächsten Kaffee trinke.

Als Nächstes kommt die Morgenübelkeit, jenes dumpfe »Auf-was-hast-du-dich-da-eingelassen«-Gefühl im Bauch. Jedes Mal, wenn ich an meiner Schreibmaschine vorbeigehe, die so kalt, ernst und still auf dem Schreibtisch wartet, wird mir mulmig. Mutter werden – jetzt wird es also ernst. Das Gerippe des Buches ist fertig, aber wo bleibt das Fleisch?

Dann kommt die Phase, wo ich mir wünsche, nie schwanger geworden zu sein. Es gibt sogar Augenblicke, wo ich sauer auf meinen Mann (oder meinen Verleger) bin. Will dieser Mensch mich etwa ärgern? Warum sonst bombardiert er mich mit diesen nervtötenden Fragen, »wie weit ich bin«? Und woher kommt dieses Gefühl mitten in der Nacht, dass irgendwo eine Uhr tickt oder die Seiten eines Kalenders umgedreht werden?

Die zweiten drei Monate beginnen, und ich freunde mich wieder mit meinem Zustand an. Wer weiß, vielleicht klappt das wirklich mit dem Mutterwerden oder Bücherschreiben. Wenn nur die Schreibmaschine nicht so nah an meinem Bauch und so weit weg von meinen Fingern wäre. Eine merkwürdige Ruhelosigkeit füllt meine Tage bei meinem Kampf mit dem, was da in mir am Gären ist.

Jetzt fängt das Baby an, mir bei allem, was ich tue, im Weg zu sein, und es ist doch noch gar nicht geboren. Wenn ich ins Restaurant gehe, muss ich um einen Platz an der Außenseite des Tisches bitten, damit dieser Ballon vor mir Raum hat. Wo ich gehe und stehe, bin ich die Sensation. Wildfremde Menschen tätscheln mir wissend den Bauch oder fragen mich, in welchem Monat ich bin. Alles dreht sich um das Kind – oder Buch –, das doch noch lange nicht fertig ist.

»Das will ich *nicht* zum Geburtstag!«

Das dritte Trimester beginnt, und ich bin es leid, mich im Spiegel zu betrachten. Wie lange soll das noch so gehen? Ich muss mich zwingen, mich an die Schreibmaschine zu setzen. Die Welt scheint immer weiter weg zu sein von meinem buchschwangeren Gehirn. Das Leben ist Schwerarbeit geworden.

Der letzte Monat ist der schlimmste. Das Baby – oder das Buch – ist fast fertig, aber das ist mir mittlerweile egal. Ich bereue es, je schwanger geworden zu sein, je die Idee zu einem Buch gehabt zu haben. Und dann kommt die Geburt. Unter tiefem Schmerzgestöhne stoße ich die allerletzten Seiten aus meinem müden Gehirn, und alles, was ich denken kann, ist: *ICH WILL, DASS DAS VORBEI IST!* Mit allerletzter Kraft trage ich das Manuskript zur Post und schicke es meinem Verleger, worauf ich nach Hause wanke und mich ins Bett lege. Das wäre geschafft ...

Dann jenes kurze, angespannte Warten auf den Expertenspruch des Doktors (oder des Verlegers), den ich so beantworte: »Was soll das heißen, der rechte große Zeh ist krumm?« – »Wie kommen Sie auf die Idee, dass dieses Meisterwerk zu lang ist?« Was jetzt folgt, ist manchmal der nervtötendste Teil der ganzen Aktion: Der Verlag putzt und wischt an meinem Buch herum, bis ich um Gnade wimmere. Oder damit drohe, mein armes Baby zu nehmen und in die Klapsmühle zu ziehen.

Dann legen die Schwestern meinen kleinen Engel auf das Kissen neben mir. Die Lektoren zeigen mir die gesuperte Version, und eigentlich sieht sie echt süß aus. Ein paar Wochen danach wird das kleine Paket dem Rest der Welt vorgestellt, und – man mag es fast nicht glauben – die Leute mögen es. Und ich erröte sittsam und lächelnd: Jawohl, das ist mein Kind!

Und dann, im Sonnenschein all dieser Bewunderung, geschieht das allergrößte Wunder. Die Erinnerung an die Qualen meiner Schwangerschaft, sie sind auf einmal weg, und stattdessen kommt so ein kleiner heller Funke, und ich muss denken, dass es, tja, doch ganz nett wäre, noch eines zu kriegen ...

Der Familienzirkus

»Das ist besser als Hörbücher, Fernsehen oder das Internet. Man nennt es Lesen.«

Genau so ist dieses Buch, das Sie gerade lesen, zustande gekommen. Nach der »Geburt« meines Buches *Lachend älter werden* war ich so froh, es geschafft zu haben, dass ich ernsthaft daran dachte, meine elektrische Schreibmaschine auszustöpseln und mich zur Ruhe zu setzen. Immerhin bin ich längst im Rentneralter, und wir »reifen« Mütter und Autoren brauchen unsere Ruhe. (Übrigens, Sie wissen sicher, warum Frauen über fünfzig keine Kinder mehr kriegen? Wir würden sie im Bus liegen lassen und nicht mehr wissen, welche Linie es war!)

Nun, als mein Kind *Lachend älter werden* in die weite Welt kam, kamen alsbald körbeweise Briefe von Frauen, die ihre eigenen heiteren »Wunder des Frauseins« erfahren hatten. Sie wollten mir auch sagen, wie mein Buch ihnen in herzzerreißenden Lebenssituationen ein Lachen geschenkt hatte. Eine meiner Lieblingsgeschichten kam von einer Dame, die mein Buch ihrer krebskranken Mutter im Sterbehospiz vorlas. »Barbara, die Schwestern kamen dauernd rein und fragten mich, was los war. Sie waren es nicht gewohnt, dass jemand in dem Hospiz lachte.«

Diese Geschichte machte mir das Herz warm. Wie auch die folgende Geschichte von einer Frau aus Chicago. Sie und ihre Schwester hatten ihrer 80 Jahre alten Mutter, die offenbar nicht mehr lange zu leben hatte, ebenfalls mein *Lachend älter werden* ins Krankenhaus mitgebracht. Sie wechselten sich mit Vorlesen ab. Die Frau erzählte mir: »Barbara, ich werde dir ewig dankbar sein für dieses Bild: Meine Mutter, wie sie auf ihrem Sterbebett *lachte*!«

»Oh«, murmelte ich, »und wann ist sie gestorben?«

»Gar nicht. Sie lebt heute noch!« Die Dame lachte herzlich. »Das war vor einem Jahr, und heute geht es ihr gut – wahrscheinlich wegen dieses Buches und all dem Lachen!«

Eine andere Frau kam auf einer Konferenz zu meinem Büchertisch und berichtete mir, dass sie *Lachend älter werden* erstmals als Krebspatientin im Wartezimmer der Bestrahlungsabteilung ihres Krankenhauses gesehen hatte. Eine der anderen Frauen las das Buch gerade und kicherte immer wieder. Als sie die fragenden Gesichter der anderen sah, begann sie laut vorzulesen, und bald brüllte das ganze Wartezimmer vor Lachen.

Kurz und gut: Die englische Originalversion von *Lachend älter werden* erklomm 1997, dem Jahr ihrer Publikation, den ersten Platz der Bestsellerliste für christliche Paperback-Bücher in Amerika.[2] Allerorten zufriedene Leserinnen und jede Menge neue Anekdoten und sonstiges Material – ich *musste* einfach das nächste Buch schreiben! Aber während *Lachend älter werden* auf Frauen abzielte, die irgendwo zwischen Menopause und Großdruck schweben, zeigte mir das neue Material, mit dem mich die vielen Briefeschreiber und Konferenzfrauen versorgten, sehr klar, dass mein nächstes Buch *alle* Jahre im Leben einer Frau abdecken musste, von der Erziehung des Trotzalterkindes bis zur Betreuung der alten Eltern. Und der erste Keim zu dem amerikanischen Titel kam von einer Frau auf einer Konferenz, die mir lachend anvertraute, dass sie sich »irgendwo zwischen Pampers und Inkontinenzslips« befand.

WIE NENNE ICH DAS KIND?

Eltern wissen, wie wichtig es ist, ihrem Kind den richtigen Namen zu geben. Namen sind ja mehr als Schall und Rauch. Sie reimen sich zum Beispiel – manchmal mit den falschen Worten. Biblische Namen sind nicht schlecht, wenn es die richtigen sind; »David« oder »Maria« geht, »Judas« schon weniger. Ein guter Name malt ein positives Bild von dem Namensträger.

Das Gleiche gilt für Buchtitel. Autoren und Verleger zermartern sich die Köpfe, um einen Titel zu finden, der sowohl den Inhalt richtig wiedergibt als auch bei den Lesern »zündet«. Einer meiner Lieblingsbuchtitel stammt von Dave Barry und lautet, wörtlich übersetzt, *Babys und andere Sex-Risiken.* Das reißt Sie nicht vom Hocker? Dann hören Sie sich den Untertitel an: *Wie man in neun Monaten einen kleinen Menschen macht, mit Zutaten, die jeder zu Hause hat.*

Genauso lustig musste mein Buch sein, und ich erzähle jetzt den Werdegang des Titels des amerikanischen Originals, der *Leaking Laffs between Pampers and Depends* lautet. Ich fand, dass er unbedingt die Worte *Pampers* und *Depends* enthalten müsste, wobei *Depends* das Gegenstück zum deutschen *Tena* und ähnlichen Produkten ist. (Sie merken schon: *Zwischen Schnuller und Prothese* ist viel wohlanständiger.) So weit, so gut. Aber jetzt brauchten wir natürlich auch ein Verb. Jemand schlug *changing* vor, also »wechseln«; man dachte an solche Dinge wie Windeln wechseln und die großen Wechselfälle des Lebens wie Pubertät, Wechseljahre und dergleichen.

Woran Mütter denken, wenn jemand sagt, dass die Welt klein ist.

Aber »wechseln«, das klang so gewöhnlich. Doch dann beleckte mir mitten in einer wahrscheinlich regnerischen Nacht auf einmal das Wort *leaking* mein Gehirn (zu Deutsch: »lecken«, wie in: »Das Schiff leckt«). Windeln und lecken – klarer Fall. Lauter Protest meines amerikanischen Verlages. »Barbara, das geht doch nicht! *Leckende* Windeln?« – »Barbara, das ist ordinär!«

»Kinder«, erwiderte ich streng, »wisst ihr nicht, dass ihr immer nur an das denken sollt, was rein und liebenswert ist und einen guten Ruf hat? Steht in der Bibel, Philipper 4,8, und ihr scheint gerade an andere Dinge zu denken!« (Da ich seit zehn Jahren mit den lieben Leuten vom Verlag *Word* zusammenarbeite, gönne ich ihnen hin und wieder einen mütterlich-biblischen Rat.)

Während wir weiter »verhandelten«, schickte ich zwei- oder dreihundert Freunden und Spendern von unserem Spatula Ministries eine kurze Liste mit verschiedenen Titeln und bat sie um ihre Meinung, und siehe da, die meisten fanden die leckenden Windeln gut!

Nach mehreren Wochen Quengeln und Beknieen (ich quengelte, der Verlag bekniete mich) standen meine Aktien nicht schlecht, als der entscheidende Durchbruch kam. Der Verlag *Word* hatte beschlossen, Sam Butcher, dem Vater von »Precious Moments«, eine wunderschöne Plakette zu übergeben, als Dankeschön für das Bildmaterial, das er so großzügig für ein anderes Buch von mir zur Verfügung gestellt hatte. Die Übergabe der Plakette erfolgte auf einer christlichen Frauenkonferenz in Kansas City, und danach kutschierten einige meiner Lieblingsmanager bei *Word* uns in ein nettes kleines Restaurant, wo wir einen ganzen Raum nur für uns hatten.

Das Essen kam. Ich wartete einen Augenblick ab, wo alle aßen, und dann fragte ich, im Beisein der Leute vom Verlag, Sam ganz harmlos, was er von meinem Titelvorschlag für mein nächstes Buch hielt. Das Foto unten zeigt seine Reaktion. Er platzte fast vor Lachen und sagte: »Wie wär's, wenn du unten auf dem Umschlagbild Babys in Windeln krabbeln lässt und sie ›kleine Scheißer‹ nennst?«

Wie man sieht, gefiel meinem Freund Sam Butcher mein Titelvorschlag für dieses Buch.

Das brachte meine armen Verlagsleute natürlich an den Rand des Nervenzusammenbruchs. Ich betrachtete verstohlen das steife Lächeln auf ihren lieben Gesichtern und dachte: *Nicht wahr, ihr würdet am liebsten umsatteln und Schornsteinfeger werden.* Aber als sie ihre Sprache wiederfanden, schluckten sie und nickten ihre gnädige Zustimmung (und fragten sich zweifellos, ob ihr Psychotherapeut an diesem Samstag den Telefonnotdienst hatte). Das Baby hatte seinen Namen!

Später setzte Sams clevere Assistentin, Larrene Hagaman, dem Ganzen die Krone auf, indem sie das Umschlagbild der amerikanischen Ausgabe vorschlug: Ich auf einem Wasserschwall sitzend, der durch den Boden eines Ruderbootes nach oben schießt, und am einen Ende des Bootes Sams heulender »kleiner Scheißer« (*little squirt*) und am anderen Ende Larrenes Wackelzahn-Oma, der die Bootspartie sichtlich gefällt. Der Kleine und die Oma sind so niedlich ausgefallen, dass ich sie auch im Inneren des Buches verwendet habe, zur Verzierung der Kapitelüberschriften sowie vor den Witzen, Geschichten und Anekdoten, mit denen die Kapitel schließen.

Ja, es kann Arbeit sein, vom Verlag die Namen meiner »Babys« genehmigt zu bekommen. aber es lohnt sich, das Drücken und Drängeln, Quengeln und Stöhnen. Ich kann dann eine ganze Geschichte erzählen, wenn mich jemand fragt: »Wie, um alles in der Welt, sind Sie zu diesem tollen Buchtitel gekommen?«

Sehen Sie, was ich verpassen würde, wenn ich bei meinen Büchern nicht auf so verrückte Titel bestehen würde? Natürlich werde ich etwas nervös, wenn ich an die Übersetzungen in andere Sprachen denke, vor allem nach den Horrorgeschichten, die jemand mir über die Übersetzungen von Werbebroschüren für amerikanische Produkte schickte. Wie die Sache mit dem Kugelschreiberhersteller, der gerne auf dem mexikanischen Markt Fuß fassen wollte. In der Werbung hieß es: »Auslaufgeschützt; Ihre Hosentasche verschmutzt nicht.« Die Übersetzung ergab: »Läuft nicht in der Hosentasche aus und macht Sie schwanger.«

»Kannst du nicht mal was anderes aus dem Krankenhaus mitbringen?«

VON FRAU ZU MANN: AN MEINE MÄNNLICHEN LESER

Bin ich nicht ganz die frisch gebackene Mutter, die in allen Einzelheiten über die Wehen berichtet, während ihre Besucher das Baby halten? Wenn auch Sie eine Frau sind, verstehen Sie das, falls Sie nicht sogar Lust bekommen, mir Ihre eigene Schwangerschaftsgeschichte zu schicken, was immer es auch war, womit Sie schwanger gingen ...

Und wenn Sie ein Mann sind? Dann, mein lieber Freund, mach dich auf Gymnastik für deine Gehirnzellen gefasst in diesem Buch. Und für deine Augenbrauen, falls du sie nicht sehr oft hebst. Aber nur keine falsche Scham, meine Herren. Ich bin es gewohnt, dass manche Männer sich von ihrem Forscherdrang dazu hinreißen lassen, meine Bücher zu lesen, selbst *Lachend älter werden,* obwohl wir auf der amerikanischen Ausgabe extra einen Aufkleber *Nur für Frauen* angebracht hatten. Ein Mann will das Buch mit einer Taschenlampe im Kleiderschrank gelesen haben, um ja nicht entdeckt zu werden, ein anderer tarnte es im Flugzeug mit der Zeitung. Muss das ein Bild gewesen sein!

Wie jenes berühmte Deodorant ist auch dieses Buch »stark genug für Männer, aber für Frauen gedacht«. Wer Sie auch sind, und wo Sie sich auch befinden zwischen Tina und Tena, kommen Sie mit auf unsere lächerliche Bootsfahrt. Wir werden uns bestens amüsieren – mit viel Lachen und Gottes Liebe.

Used by permission of the Kansas City Star.

»Das einzige Problem ist eigentlich, dass ich dauernd seine Pampers mit meinen verwechsele.«

Wo nicht anders angegeben, sind die Quellen sämtlicher Beiträge in den »Leben-und-lachen«-Abschnitten unbekannt. Leute, die wissen, wie gerne ich lache, haben sie mir per Post oder Fax geschickt oder bei Frauenkonferenzen diskret auf

Zetteln zugesteckt. Ich bin dankbar für diese unbekannten Autorinnen und Autoren. Ihre Worte haben mein Herz erwärmt und meinen Lachmuskeln gut getan.

Ich liebe Termine. Vor allem das *Huiii*-Geräusch, wenn sie vorbeifliegen.

Ein kleiner Junge sagte der Kindergärtnerin eines Morgens: »Heute in der Erzählstunde muss ich von einem maskierten Mann erzählen.«

Ein maskierter Mann? Der Kindergärtnerin schwante Schlimmes. »Kannst du mir das nicht jetzt schon sagen?«

»Nein«, erwiderte er ernst. »Ich will, dass alle das hören.« Die Kindergärtnerin bot ihre ganze Überredungskunst auf, aber der Kleine blieb eisern: Erst in der Erzählstunde, wo jeder berichten konnte, was er in den letzten Tagen so erlebt hatte.

Die Kindergärtnerin wartete nervös. Was für einem Verbrechen war die Familie des Jungen zum Opfer gefallen? Die Erzählstunde kam, der Junge kam an die Reihe und fing an: Auf einen großen Stuhl hatte er sich legen müssen, über dem ein sehr helles Licht war. Darauf befahl ihm ein Mann mit einer Mundmaske, seinen Mund zu öffnen, und begann, mit etwas Hartem auf seinen Zähnen herumzuklopfen.

Jetzt begriff die Kindergärtnerin, wer der Maskierte war: Der Zahnarzt des Jungen!

Julie Hendry

Ist das nicht komisch? Von allen Geschöpfen Gottes sind wir die einzigen, die sich mit Windeln herumplagen müssen. Die Lilien auf dem Felde brauchen nicht den Hintern ihrer Junioren abzuputzen. ... Vielleicht hat Gott unsere Babys absichtlich so gemacht, dass wir sie mehrmals am Tage mit extrem persönlichen Dienstleistungen versorgen müssen – damit wir lernen, Menschen zu helfen, die so hilflos sind, dass sie noch nicht einmal »Danke« sagen können (außer, dass sie uns nass machen bei der Aktion) oder wissen, was wir da überhaupt für sie tun.

Windeln wechseln, das ist so ähnlich wie heimlich Almosen geben, nur dass es anders riecht.[3]

Ein dreijähriges Mädchen verbrauchte eine ganze Rolle goldenes Geschenkpapier, um ein Geschenk für seinen Vater einzuwickeln. Die Familie hatte nicht viel Geld, und als das Mädchen dem Vater stolz das Geschenk präsentierte, tat es dem weh, als er das viele Goldpapier sah. Als er das Paket öffnete, wurde er richtig wütend, denn es war – leer.

»Weißt du nicht, dass in einem Geschenkpaket was drin sein muss?«, schnappte er. »Jetzt hast du das ganze Papier für eine leere Schachtel verschwendet!«

Die Kleine sah mit Tränen in den Augen zu ihm hoch und sagte: »Papa, das ist doch nicht leer! Da hab ich Küsse reingetan, die sind alle für dich.«

Wir Eltern haben alle so eine goldene Schachtel voll bedingungsloser Liebe von unseren Kindern bekommen. Etwas Wertvolleres kann uns niemand schenken.

Wenn's dir schwerfällt, mit dem Strom zu schwimmen,
versuch's mit ein paar Tropfen!
Patprints-Kalender

Sie wissen, dass Sie eine Mutter sind, wenn
Sie sich immer nur ein Bein rasieren können;
Sie die Kunst erlernt habe, große Mengen verschiedener Speisen auf einen Teller zu tun, ohne dass sie sich in die Quere kommen;
die Stimme Ihrer eigenen Mutter aus Ihrem Mund kommt;
Sie Ihre eigene Spucke benutzen, um das Gesicht Ihres Kindes zu säubern.

Es war Samstagnachmittag, und der Chef musste dringend einen seiner Angestellten sprechen. Er wählte seine Privatnummer. Ein Kind nahm ab und flüsterte: »Hallo?«

»Ist dein Papa zu Hause?«, fragte der Chef.

»Ja«, raunte die Stimme.

»Könnte ich ihn mal sprechen?«

»Nein«, flüsterte das Kind.

Der Chef, perplex, fragte:

»Ist sonst noch ein Erwachsener da?«

»Ja«, flüsterte das Kind. »Ein Polizist.«

Der geschockte Chef holte Luft und fragte:

»Kann ich dann mit dem Polizisten sprechen?«

»Nein, der hat gerade keine Zeit«, wisperte das Kind.

»Was macht er denn?«, wollte der Chef wissen.

»Er redet mit Papa und Mama und dem Feuerwehrmann.«

Dem Chef wurde anders zumute. »Ein Feuerwehrmann ist auch noch bei euch? Ja, was ist denn los?«

Die Stimme am anderen Ende kicherte ganz leise:

»Sie suchen mich!«

Als mein Freund Roger Shouse mir »alles Gute mit dem neuen Buch« wünschen wollte, tat er sich schwer, die richtigen Worte zu finden. Er schrieb: »Hals- und Beinbruch wünschen geht ja wohl nicht bei einem Buch. Wie sagt man es richtig bei einem Autor – ›Schönen Schreibkrampf‹? Oder ›Fröhliche Mattscheibe‹?«

Ein kleines Mädchen tippte fleißig an dem Computer ihres Vaters. Es sagte ihm, dass es eine Geschichte schreibe. »Was für eine Geschichte?«, fragte er.

»Weiß nicht«, erwiderte das Mädchen. »Ich kann ja noch nicht lesen.«

Eine Großmutter wusste nicht, ob ihre Enkelin schon alle Farben unterscheiden konnte, und beschloss, sie zu testen, indem sie auf irgendwelche Gegenstände zeigte und das Mädchen fragte, was für eine Farbe sie hätten. Das ging sehr schön, aber die Oma, die das Spiel genoss, machte immer weiter. Bis die Kleine zur Tür ging und altklug sagte: »Oma, ich finde, ein paar kannst du auch selber rausfinden!«

Frage: Wann wünscht eine Frau sich, ein Jahr älter zu sein?
Antwort: Wenn sie schwanger ist.

Eine Frau nahm ihre kleine Tochter zu dem Bestattungsunternehmen mit, wo ihre Urgroßmutter aufgebahrt war. Die Kleine starrte den Sarg an, und dann fragte sie: »Mama, warum haben sie die Uroma in ein Schmuckkästchen getan?«

Jemand hat einmal das Lachen mit dem Windelwechseln verglichen. »Es ändert nichts auf Dauer, aber für den Augenblick ist die Welt wieder in Ordnung.«

Ein Ehepaar hat Freunde zum Essen eingeladen. Als alle am Tisch sitzen, bittet der Vater die sechsjährige Tochter des Hauses, das Tischgebet zu sprechen.

»Ich weiß aber nicht, was ich sagen soll«, protestiert das Mädchen.

»Sag einfach das, was Mama auch immer sagt.«

Das Mädchen neigt seinen Kopf, seufzt leise auf und sagt: »Gott, warum haben wir bloß die ganzen Leute zum Essen eingeladen!«

Ein alter Landarzt fuhr hinaus in die hinterste Provinz, um bei einer Geburt zu helfen. Das Haus war so abgelegen, dass es keinen elektrischen Strom hatte. Als der Doktor ankam, war außer der Mutter in ihren Wehen nur noch der fünfjährige Sohn zu Hause. Der Arzt wies den Knaben an, die Laterne schön hoch zu halten, damit er genug sehen könne. Das Kind hielt die Laterne, die Mutter presste, und nach einer kleinen Weile hielt der Arzt das Neugeborene an den Beinen und gab ihm den üblichen Klaps auf den Hintern, damit es zu atmen begann.

Worauf der Fünfjährige, der wie gebannt zuschaute, ausrief: »Hau ihn noch mal, weil er da reingekrochen ist!«

Lebensweisheit für Kinder:

Wenn dein Vater wütend ist und dich fragt, ob er dumm aussieht, gibt ihm keine Antwort.

Versuche niemals, eine Katze zu taufen.

Lass dein Essen nie von einem Hund bewachen.

Erzähle deinem kleinen Bruder nie, dass du nicht das zu tun gedenkst, was deine Mama dich gerade geheißen hat.

Du bist nie zu alt, um die Hand deines Vaters zu halten.

Als ich in einen Buchladen ging und die Verkäuferin fragte, wo die Selbsthilfe-Abteilung sei, antwortete sie: »Wenn ich Ihnen das sage, lernen Sie's ja nie.«

Steven Wright

Eine Mutter hatte das ganze Auto voller Kinder aus dem Kindergarten, als ein Feuerwehrauto vorbeibrauste. Neben dem Fahrer saß ein Dalmatinerhund. Die Kinder begannen sofort eine heftige Diskussion über die Aufgaben des Hundes.

»Den benutzen sie, damit die Leute nicht so nah kommen«, sagte einer der Junioren.

»Quatsch«, rief ein anderer. »Das ist nur so'n Maskottchen.«

Ein Mädchen beendete die Diskussion. »Den brauchen sie«, sagte sie fest, »um den Hydranten zu finden.«

Eine Mutter machte Pfannkuchen für ihre beiden Jungen, Kevin (5) und Ryan (3). Keine halbe Minute, und die Knaben stritten sich, wer den ersten Pfannkuchen bekommen würde. Die Mutter sah ihre Gelegenheit für eine Belehrung in Sachen mitmenschliches Verhalten. »Wenn der Herr Jesus jetzt hier wäre, würde er sagen: Mein Bruder soll den ersten haben; ich kann warten.« Eine kurze Pause. Dann sagte Kevin, zu seinem jüngeren Bruder gewandt: »Ryan, du bist Jesus.«[4]

»Gott lässt mich wieder lachen!
Jeder, der das erfährt, wird mit mir lachen!«
Sara, die betagte Ehefrau des 101-jährigen Abraham, nach der Geburt ihres Sohnes Isaak
(1. Mose 21,6 Hoffnung für alle)

WER SIND DIESE KINDER, UND WARUM NENNEN SIE MICH »MAMA«?

Oder: Babys und andere Terroristen

Als vor ein paar Jahren die Women-of-Faith (Frauen-des-Glaubens)-Konferenz an einem Muttertag nach Kansas City kam, stand in der Sonntagsausgabe der Zeitung ein flotter Artikel über die verrücktesten Mütter in der Region. »Heute schon über Mutter gelacht?«, verkündete die Überschrift. Ich las die Porträts dieser Mütter und fühlte mich alsbald zu ihnen hingezogen. Ich kannte nicht eine von ihnen, aber ich hatte das Gefühl, dass es unterhaltsam wäre, sich mit ihnen zusammenzusetzen und über die Geheimnisse unseres Komikerberufs fachzusimpeln.

Da war zum Beispiel diese Geschichte, die eine Tochter über ihre lächerlich veranlagte Mutter erzählte: »Vor vielen Jahren war meine Mutter in der Küche und wusch ein Huhn, das sie braten wollte. Meine Schwester und ich kamen herein, und da steckte sie ihre Hand in das Huhn wie in eine Kasperlefigur, zog den einen Flügel hoch und sagte: ›Hallo, Mädchen! Einmal Winken für Jane, einmal Winken für Ellen!‹ Sie tanzte richtig herum mit dem Huhn, während wir mit offenen Mündern dastanden. Heute kriegen wir fast kein Hühnerfleisch runter – wir kommen uns wie die Kannibalen vor.«

Eine andere junge Dame verriet, dass ihre Mutter zum Hausputz immer ein rosa-weiß-gestreiftes Ballettröckchen trug. Und wenn die Kinder sich danebenbenahmen, fotografierte die Mutter sie und nahm ihre Fingerabdrücke, als ob sie sie ins Gefängnis stecken wollte.

Einer anderen Mutter stellten die Kinder zu ihrem 70. Geburtstag ein kleines Buch zusammen »mit all den verrückten Sachen, die sie im Laufe der Jahre gebracht hatte; sie konnte spitze sein in so was«. So brachte sie zum Beispiel einmal das Auto in die Werkstatt, weil der Motor viel zu schnell lief. Dies geschah in jenem Steinzeitalter, als die Autos noch einen Choke zum Rausziehen am Armaturenbrett hatten. »Sie hatte das Ding fast einen halben Meter rausgezogen und hing ihre Handtasche dran«, kommentierte ihr erwachsener Sohn nostalgisch.

Der Artikel enthielt noch mehr Beiträge von Lesern, die der Redaktion geschrieben hatten, wie ihre Mütter ihnen das Geschenk des Lachens mit auf den Lebensweg gegeben hatten.[1] Eine Tochter schrieb, wie ihre Mutter ihr beigebracht hatte, dass »mit genügend Übung das Sichfreuen gerade so natürlich wird wie das Atmen, dass es einem schier aus den Poren kommt«.[2]

Als ich diese Geschichten las, musste ich denken: *Vielleicht bist du doch nicht so verrückt, wie du immer dachtest.* Als meine Jungen um die Wette Wackelpudding an die weiße Küchenwand warfen, hatte ich kurzerhand mitgemacht – na und? Und vielleicht war es doch nicht so pervers gewesen, als ich meinem Sohn Steve weismachte, dass ich seinen grünen Lieblingspullover aus Versehen in die Kochwäsche getan hatte (ich hatte ihn natürlich ausrangiert und durch einen Puppenpullover in exakt der gleichen Farbe ersetzt).

Eines der wichtigsten Geschenke, die wir unseren Kindern machen können, ist die Mutterliebe. Aber es gibt noch ein zweites Geschenk, das das Leben eines Kindes unerhört reich machen kann. Gesegnet sind die Kinder, deren Erinnerung voll ist von dem Lachen ihrer Mutter, das sich in ihr eigenes mischt.

MUTTERSEIN FÜR FORTGESCHRITTENE

Wie Sie sicher schon gemerkt haben, lache ich gerne. Das Lachen ist einer der stärksten Fäden in dem Seil, an dem Gott mich aus etlichen Fallgruben in meinem Leben herausgezogen hat: dem schweren Unfall meines Mannes, dem Tod von zwei unserer Söhne und der elf Jahre dauernden Entfremdung von einem dritten Sohn. Wenn ich nicht in all diesen Krisen etwas zum Lachen gefunden hätte, ich säße heute im Irrenhaus beim Körbeflechten.

Stattdessen eile ich von einem Vortrag zum anderen, und das zusätzlich zu meiner Arbeit für Spatula Ministries. Wie Sie im 1. Kapitel bereits gelesen haben, bestehen meine »Kinder« heute nicht mehr aus Fleisch und Blut, sondern aus Papier und Buchstaben, aber es gibt jede Menge Parallelen zwischen dem Los des schreibenden Autors und der werdenden Mutter. Und egal, was *Ihr* Baby ist, Sie werden mir zustimmen, dass das Leben anders wird, wenn man Mutter wird.

Man wird ja nie fertig mit dem Mutterwerden. Erst kürzlich sah ich wieder ein Buch, das diesen Punkt hervorhebt. Es hieß etwa so: *Endlich geschafft? Das könnte Ihnen so passen!* Wie ich immer sage: Mutter werden ist wie lebenslänglich Gefängnis kriegen, mit oder ohne gute Führung. Und egal, wie alt wir Mütter werden, wir geben die Hoffnung nicht auf, dass aus unseren Sprösslingen etwas wird. Wenn sie es mit 45 Jahren nicht schaffen, ihren Schreibtisch aufzuräumen, dann vielleicht mit 50 – wer weiß?

Ja, das Leben wird anders, wenn man Mutter wird. Und das bei jedem neuen Kind. Nehmen wir Ihre Kleidung. Kaum haben Sie Ihren ersten positiven Schwangerschaftstest in der Tasche, sausen Sie in die Stadt und kommen mit einer kompletten Umstandsgarderobe zurück. Beim zweiten Kind quetschen Sie sich so lange wie es irgend geht in Ihre normalen Kleider. Und beim dritten? Tragen Sie sowieso nur noch Umstandskleider ...

Dann die Geburtsvorbereitungen. Beim ersten Junior pilgern Sie jede Woche treu in den Kurs für werdende Mütter und machen täglich Ihre Atemübungen. Beim zweiten versuchen Sie weiterzuatmen, wenn Sie sehen, wie Ihr Zweijähriger auf der obersten Stufe der Kellertreppe balanciert. Und beim dritten Kind drohen Sie Ihrem Arzt damit, nicht mehr weiterzuatmen, wenn er Ihnen nichts gegen Ihre Kopfschmerzen verschreibt.

Beim ersten Kind ist der Kauf der Babyausstattung eine Haupt- und Staatsaktion. Stundenlang suchen Sie die richtigen

Bettvorhänge, Decken, Strampelhöschen und Jäckchen aus und stecken vor dem ersten Benutzen alles dreimal in die Waschmaschine (Feinwäsche). Beim zweiten Baby falten Sie die Vorhänge so, dass man die Flecken vom Erbrechen nicht sieht, und werfen den Rest zur Desinfektion in heißes Wasser. Beim dritten Junior ziehen Sie nach Mallorca, wo es so warm ist, dass das Kind außer Windeln keine Kleidung braucht.

Säuglinge schreien. Das erste Kind tragen Sie ständig in einem Tragetuch mit sich herum, damit es sich permanent beruhigt. Das zweite nehmen Sie nur noch dann hoch, wenn sein lautes Gebrüll seine große Schwester/seinen großen Bruder aufzuwecken droht. Beim dritten bringen Sie den beiden Älteren bei, wo der Schnuller ist und wie man die Babyschaukel wieder aufzieht.

Auch die Einstellung zum Babysitter ist veränderlich. Wenn Sie Ihr Kind das erste Mal in die Obhut eines solchen Menschen geben, arbeiten Sie ihn zwei Stunden lang ein und rufen ihn anschließend viermal an, während Sie einen Brief zur Post bringen. Beim zweiten Kind geben Sie ihm, kurz bevor Sie das Haus verlassen, eine Telefonnummer für den Notfall – die der Nachbarn. Und beim dritten bitten Sie den Babysitter, Sie nur dann anzurufen, wenn jemand eine Armschiene oder den Notarzt braucht.

Was macht man alles mit so einem Kind? Das erste bekommt Kleinkinderschwimmunterricht, Aerobic für Babys und Babymassage. Das zweite bringen Sie in die Märchenstunde in der Bibliothek, damit Sie schlafen können, während das Märchen vorgelesen wird. Das dritte nehmen Sie mit in die Eisdiele.

Dann Ihr Zeitmanagement. Ihr erstes Kind schauen Sie stundenlang hingebungsvoll an, wie es in seinem Bettchen liegt und den großen Zeh bewegt. Beim zweiten schauen Sie hin und wieder in seine Richtung, während Sie zu seinem großen Bruder sprinten, der gerade die Katze in den Müllschlucker stecken will. Das dritte lassen Sie ein paar Stunden pro Tag von Ihrem Hund bewachen, während Sie sich in der Speisekammer verstecken.

»Dein Vater und ich haben immer schon mehrere Kinder gewollt. Das hat nichts damit zu tun, dass du nicht brav bist.«

Nein, ich habe nicht vergessen, wie viel Freude so ein Kind machen kann. Ein Baby ist ein kleines Mitglied der Familie, das die Liebe stärker, die Tage kürzer, die Nächte länger und das Bankkonto kleiner machen kann. Wo ein Kind geboren wird, wird das Haus glücklicher, selbst wenn die Kleider nicht so modisch sind. Die Vergangenheit ist vergessen, wir haben eine Zukunft. Und wenn die nächsten Babys kommen, wird die Arbeit noch mehr – aber auch die Freude und Liebe.

Wir Mütter mehrerer Kinder beteuern gerne, dass wir alle unsere Kinder gleich lieb haben, aber innen drin wissen wir natürlich, dass das nicht stimmt. Es ist gerade so wie bei der weisen Mutter mehrerer Kinder, die von einem Reporter gefragt wurde, welches Kind sie am meisten liebe, und die darauf antwortete: »Ich liebe das Kind am meisten, das nicht zu Hause ist, bis es wiederkommt, das kranke, bis es wieder gesund ist, das traurige, bis es getröstet ist, und das verlorene, bis es wiedergefunden ist.«[3]

Der Familienzirkus

»Mama, ich weiß, warum die Abholfrau heute Verspätung hat! Heute bist DU dran!«

MÜTTER UND ENGEL

Ein Kind macht eine Frau für immer zu einem anderen Menschen. Es gibt kein zweites Gefühl in der Welt wie jenes Zucken im Herzen, wenn so ein winziges Ding zum ersten Mal »Mama« sagt und dabei das Gesicht der Mutter ansieht. *Mama* – ein Wort, das so normal ist wie ein Atemzug und gleichzeitig so einzigartig wie die beiden Herzen, die es verbindet.

Jemand schickte mir einmal ein sehr schönes Lesezeichen, auf dem stand: »Am Tage unserer Geburt schenkt Gott jedem von uns einen schönen Schutzengel, und wenn wir größer werden, geben wir ihm einen Namen: Mutter.«

Und dann die folgende schöne Geschichte:

DER ENGEL

Im Himmel war ein Kind, das bald geboren werden sollte. Das Kind fragte Gott: »Morgen willst du mich auf die Erde schicken, aber wie soll ich dort überleben? Ich bin ja so klein und hilflos.«

Gott antwortete: »Du wirst einen eigenen Engel haben, ganz für dich. Er wird dich lieben und für dich sorgen.«

»Hier im Himmel brauche ich nur zu singen und zu lächeln. Was werde ich auf der Erde tun? Ich weiß nicht, was für Lieder sie dort singen.«

»Dein Engel wird für dich singen«, erwiderte Gott, »und dir auch das Singen beibringen. Und du wirst lernen, nicht nur zu lächeln, sondern zu lachen; dafür werden dein Engel und ich sorgen.«

»Aber wie werde ich verstehen, was die Leute zu mir sagen? Ich kenne kein Wort von der Sprache, die sie sprechen!«

»Dein Engel wird dir die liebsten Sachen sagen, die du je hören wirst, und dir die Sprache Wort für Wort beibringen.«

»Und wenn ich mit *dir* reden will ...?«

»Wird dein Engel deine kleinen Hände zusammenlegen und dir zeigen, wie das geht. Das ist die einfachste Sprache von allen; man nennt sie Beten.«

»Und wer wird mich dort beschützen, Gott?«

»Dein Engel ist ein sanftes, weiches Wesen, aber wenn dich etwas bedroht, gibt es keine größere Kraft auf Erden als die, mit der er dich verteidigen wird.«

»Ich werde traurig sein, wenn ich dich nicht mehr sehen kann.«

»Ich werde immer bei dir sein, auch wenn du mich nicht sehen kannst. Und dein Engel wird dir zeigen, wie du zurück zu mir kommst, wenn du dich verlaufen hast.«

Dann war es Zeit zu gehen. Von der Erde kamen aufgeregte Stimmen, die sich auf die Ankunft des Kindes freuten. Das Kind fragte rasch: »Gott, ich muss jetzt gehen. Kannst du mir noch sagen, wie mein Engel heißt?«

Und Gott antwortete: »Du wirst deinen Engel ›Mama‹ nennen.«

Quelle unbekannt

SIND SIE BEREIT?

Sie wissen nicht, ob Sie das Zeug zur Mutter haben? Hier ein paar Vorschläge, wie Sie sich auf das große Ereignis vorbereiten können:

Vorbereitung auf die Schwangerschaft: Kaufen Sie sich 25 Pfund Bohnen oder Erbsen und füllen Sie sie in einen Stoffbeutel. Schnallen Sie sich den Beutel um den Bauch und schleppen Sie ihn neun Monate lang überall hin mit. Anschließend nehmen Sie zehn von den Bohnen heraus, um anzuzeigen, dass das Baby geboren ist.

Finanzielle Vorbereitung: Vereinbaren Sie mit Ihrer Bank, dass das Geld auf dem Gehaltskonto für die nächsten zwanzig Jahre zu gleichen Teilen an den nächsten Supermarkt und den Kinderarzt überwiesen wird.

Sauberkeitstraining: Schmieren Sie Erdbeermarmelade auf die Möbel und Vorhänge im Wohnzimmer. Reiben Sie Ihre Hände gut mit Pflanzerde ein, wischen Sie sie an den Tapeten ab und markieren Sie die Stellen mit einem gut sichtbaren Filzstift.

Geruchsvorbereitung: Entleeren Sie eine Milchtüte auf die Sitzpolster in Ihrem Auto, parken Sie den Wagen an einem sonnigen Plätzchen und lassen Sie ihn bis zum August dort stehen. Ziehen Sie einen halb aufgebrauchten Dauerlutscher durch Ihr Haar und verstecken Sie ihn im Handschuhfach.

Schmerz-Ausdauertraining: Besorgen Sie sich zehn Kilo Heftzwecken und bitten Sie eine Freundin, diese, nachdem Sie ins Bett gegangen sind, in Ihrer Wohnung zu verteilen. Stellen Sie Ihren Wecker auf 2 Uhr morgens, und sobald er klingelt, springen Sie auf und rasen wie eine Wilde durch die finstere Wohnung: Wo ist das Fläschchen?

Supermarkt-Training: Treiben Sie eine kleine Herde Ziegen durch den Supermarkt. Behalten Sie jedes der Tiere zu jedem Zeitpunkt im Auge und nehmen Sie genügend Geld mit, um alles zu bezahlen, was die lieben Tierchen fressen oder kaputtmachen.

Geschicklichkeitstraining: Ziehen Sie Ihrer Katze einen in der Größe passenden Hosenanzug an, komplett mit Hemd zum Knöpfen, Fliege und Schnürschuhen, während der Schäferhund des Nachbarn aus einem Meter Entfernung seinen lautstarken Kommentar gibt. (Halten Sie einen Tierarzt und zwei Sanitäter in Bereitschaft.)

Essenstraining: Setzen Sie sich an den Küchentisch und füllen Sie Erbsengemüse und Schokoladenpudding in eine Plastiktüte. Wenn die Tüte voll ist, schließen Sie sie mit einem Knoten, legen Sie so hin, dass Sie ungefähr 30 Zentimeter von Ihrem Gesicht entfernt ist, und bitten sodann den besten aller Ehemänner, die Tüte mit dem großen Straßenatlas zu zerschmettern.

Allgemeines Überlebenstraining: Bitten Sie eine Freundin, die Grundschullehrerin ist, das Geräusch ihrer mit den Fingernägeln über die Wandtafel kratzenden Zweitklässler auf Kassette aufzunehmen. Füllen Sie sodann einen kleinen Stoffbeutel mit zehn Pfund Katzenstreu, weichen Sie ihn gut in Wasser ein und binden Sie ihn an einem Radiorecorder fest, in den Sie die Kassette mit der Fingernagelaufnahme einlegen. Legen Sie um 8 Uhr morgens den Beutel auf Ihre Schulter, spielen Sie die Aufnahme mit voller Lautstärke ab und tänzeln Sie so 40 Minuten lang durch die Wohnung, worauf Sie den Beutel vorsichtig hinlegen und den Recorder abstellen. Stündlich wiederholen, bis 5 Uhr morgens. Kriechen Sie sodann ins Bett, stellen Sie den Wecker auf 6 Uhr, stehen Sie wieder auf und machen Sie das Frühstück, während Sie versuchen, fröhlich auszusehen. Wiederholen Sie die Übung fünf Jahre lang.

Um werdende Eltern besser auf ihre Aufgaben vorzubereiten, haben zahlreiche Kinderarztpraxen Eltern-Simulatoren angeschafft.

Das Lustige an diesen verrückten Vorbereitungen ist, dass wir Eltern dann, wenn es ernst wird, es meistens sogar schaffen (nun ja, bis auf die Sache mit dem fröhlichen Frühstück). Falls Sie gerade »mitten drin« sein sollten, dann denken Sie daran, dass dieses Überlebenstraining für Eltern seit Adam und Eva zum Los der Menschheit gehört. Doch, Sie werden es schaffen (falls Sie denn nicht Körbe flechtend in der Klapsmühle landen, natürlich!). Wie die Schauspielerin Meryl Streep kürzlich bemerkte: »Die Ergebnisse [Ihrer Mutterbemühungen] sehen Sie meist erst nach vielen Jahren. Gewöhnlich ist es das erwachsene Kind, das zurückblickt und denkt: Wie hat sie das alles bloß geschafft? ... Wenn Sie eine Mutter sind, wissen Sie, was Sie leisten, aber erwarten Sie nicht, dass Ihnen jemand Dankeschön sagt. Die Leistung der Mutter geschieht im Verborgenen.«[4]

HILFE VON OBEN

Heutzutage brauchen Mütter alle Hilfe, die sie kriegen können, obwohl andererseits eine neuere Studie zu dem Ergebnis kommt, dass »das Muttersein Frauen intelligenter machen kann«, und zwar durch »während der Schangerschaft und des Stillens ausgeschüttete Hormone, die mit dem Lernen und dem Gedächtnis verbundene Bereiche des Gehirns massiv stärken«.[5] Als ich dies las, musste ich denken: *Toll! Wenn wir so fix und fertig sind, dass wir bald nicht mehr wissen, wie wir heißen, sind wir eigentlich halbe Einsteins!* Klarer Fall: Man zeige uns Müttern, wie wir die Relativitätstheorie verbessern können, während wir Windeln wechseln, Micky-Maus-Aufkleber von den Autofenstern abkratzen oder die Schokoladenstreusel auf den Plätzchen zählen, damit keiner zu kurz kommt, und wir sind gemachte Leute!

Aber ob superklug oder nicht, müde Mütter brauchen jede Menge Hilfe und Ermutigung – die Art Solidarität, die von lieben Verwandten und Freunden kommt, vor allem aber die von

Gott. Aber manchmal sind wir so beschäftigt (und so erschöpft), dass wir vergessen, diesen Schatz anzuzapfen. Dabei braucht es manchmal nur eine kleine Erinnerung. Eine Freundin von mir, die Mutter zweier anstrengender Teenager ist, kaufte sich eine billige Digitalarmbanduhr mit Weckerfunktion, die sie so einstellte, dass sie jede Stunde leise piepste. Sie berichtet: »Jedes Mal, wenn ich diesen Piepser hörte, unterbrach ich meine Arbeit für einen Augenblick und flüsterte ein kurzes Gebet für meine Kinder.«

Sie sagte ihren Kindern auch, was sie da tat, und die Ergebnisse waren erstaunlich. Als ihre Tochter wieder einmal gestresst bei einer Klassenarbeit saß und sich nicht konzentrieren konnte, schaute sie zufällig zu der Wanduhr im Klassenzimmer hoch. »Es war gerade zehn Uhr, und da hab ich mich daran erinnert, dass du gerade für mich betest«, berichtete sie ihrer Mutter eines Tages. »Und dann hüllte mich so ein Friede ein, wie eine unsichtbare Decke, und mein Kopf wurde klar und ich konnte die Arbeit fertig schreiben.« Und ihr Sohn bekannte ein paar Jahre später: »Im letzten Schuljahr auf der High School stand ich einmal mit meinen Kumpeln auf dem Parkplatz, und wir unterhielten uns, was wir für den Rest des Nachmittags tun sollten. Sie hatten alle keine Lust, zu ihren Nachmittags-Jobs zu fahren, sondern wollten stattdessen im Einkaufszentrum rumhängen und sehen, ob sie ein paar hübsche

Mädchen aufgabeln konnten. Ich wollte mit, aber da schlug es im Kirchturm gegenüber drei Uhr, und auf einmal sah ich meine Mutter vor mir, wie sie in diesem Augenblick für mich betete. Tja, und da bin ich zu meiner Arbeit gefahren.«

Vor ein paar Jahren wurden viele Amerikaner auf eine andere Art ans Beten erinnert – durch die Werbekampagne »Gott spricht«. Auf Zehntausenden von Reklametafeln in ganz Amerika konnten die Autofahrer in großen weißen Buchstaben auf schwarzem Grund Sätze wie den folgenden lesen: »Wir sollten einmal miteinander reden.« Unterschrift: »Gott.«

Die Idee zu der Kampagne kam von einem anonym gebliebenen Bürger aus Florida, der »Menschen erreichen wollte, die aus irgendeinem Grund nicht mehr zur Kirche gehen«, wie einer der Werbeleute erklärte. Andere Werbebotschaften waren u. a. die folgenden:

- **»Komm und bring die Kinder mit.«**
- **»Kommst du auf dieser Straße zu mir?«**
- **»Folge mir.«**
- **»Darf ich dir den Weg zeigen?«**

Aber der Spruch, der mich am meisten packte, war dieser:

Sag den Kindern, dass ich sie liebe.
Gott[6]

Irgendjemand schickte mir einmal eine kleine Gebetshilfe, die nicht nur für uns Eltern selber nützlich ist, sondern sich auch bestens zum Weitergeben an unsere Kinder und Enkel eignet. Sie besteht darin, nach den Fingern zu beten. Der Autor ist unbekannt, aber es muss wohl eine Mutter gewesen sein!

1. Wenn du deine Hände zum Beten faltest, ist der Daumen dir am nächsten. Fange also mit deinen Lieben an – deinen Kindern, Eltern, Freunden und anderen.

2. Jetzt kommt der Zeigefinger. Bete für die, die uns den Weg zeigen: unsere Lehrer, den Pastor und andere, die uns beim Lernen helfen. Bitte Gott, ihnen die richtige Weisheit und den Mut zu geben, andere in seine Wahrheit und auf seinem Weg zu führen.

3. Der Mittelfinger ist der längste. Er erinnert uns daran, für die leitenden Männer und Frauen in unserer Regierung, in der Wirtschaft, in den Schulen und Kirchen zu beten. Bitte Gott, ihnen zu helfen, seine Gebote zu beachten, wenn sie Entscheidungen treffen, die uns alle betreffen.

4. Der nächste Finger ist der Ringfinger. Du weißt es vielleicht nicht, aber er (und nicht der kleine Finger) ist der schwächste Finger. Lass dich von ihm daran erinnern, für all die zu beten, die schwach oder krank oder in Not sind. Bitte Gott, ihnen zu zeigen, dass sie zwar schwach sind, aber dass er stark ist.

5. Zum Schluss der kleine Finger. Er erinnert uns daran, dass wir immer zuerst an unsere Mitmenschen denken sollten und erst dann an uns selber, auch beim Beten. Wenn du für die anderen vier »Finger« gebetet hast – deine Lieben, deine Lehrer, deine Obrigkeit und die Kranken und Notleidenden –, werden dir deine eigenen Nöte wahrscheinlich nicht mehr so wichtig erscheinen. Der kleine Finger erinnert uns daran, für uns selber zu beten – und uns an die biblische Verheißung zu halten, dass »der Kleinste der Größte unter euch sein wird«.

Ob Sie sich durch eine Armbanduhr oder durch das Telefon, das frühmorgens klingelt, ans Beten erinnern lassen – wenn Sie eine Mutter sind, wissen Sie, dass Beten hilft. Es gibt Zeiten in unserem Elterndasein, wo wir mehr beten als sonst. Zum Beispiel wenn unsere Kinder im Trotzalter sind. Oder ihre Sexualität entdecken. Oder wenn sie ihren Fahrunterricht haben und anschließend als Autofahrer die Straßen unsicher machen.

In Amerika kann man selber seinen Kindern das Autofahren beibringen, was einem (so man denn nicht vor lauter Aufregung einem Herzinfarkt erlegen ist) so manche lustige, wenn auch nicht immer geruhsame Erinnerung beschert. In meinem geistigen Familienalbum nehmen die Bilder, wie ich unserem Sohn Tim das Autofahren beibrachte, einen Ehrenplatz ein.

Wir fuhren zu einem nahe gelegenen Friedhof, durch den sich eine schmale Straße schlängelte. Es war der perfekte Verkehrsübungsplatz, denn man durfte nicht schneller als 25 km/h fahren, und andere Autos, mit denen man zusammenstoßen konnte, gab es meist nicht. Ein paar Notbremsungen und Rasenberührungen gab es trotzdem. Heute kann ich über diese Erinnerungen lachen und bin dankbar für sie, wenn ich auf denselben Friedhof gehe, um – Tims Grab zu besuchen.

Er ist so, seit er seiner Tochter die letzte Fahrstunde gab.

Nein, Muttersein ist nicht leicht, aber Beten hilft. Und Lachen. Manchmal helfen sogar ein paar Tränen. Wie jemand einmal sagte: Tränen sind die Seife der Seele. Beenden wir also dieses Kapitel mit etwas von beidem – mit witzigen und rührenden Geschichten über das Elternsein. Zum Weinen und zum Tränenlachen.

LEBEN UND LACHEN

Aufkleber:
Wenn du nicht selber über dich lachen kannst ...
ich helfe dir gerne!

Wenn ich mein Kind noch einmal erziehen müsste,
würde ich mehr mit Fingerfarben malen und weniger mit dem Zeigefinger drohen.
Ich würde weniger korrigieren und mehr kommunizieren.
Ich würde weniger auf die Uhr und mehr nach dem Kind schauen.
Ich würde weniger wissen und mehr lieben wollen.
Ich würde mehr Schiffchen schwimmen und Drachen fliegen lassen.
Ich würde weniger oft todernst sein und mehr spielen.
Ich würde mehr Blumen betrachten und mehr Sterne.
Ich würde mehr umarmen und weniger zerren.
Ich wäre weniger negativ und mehr positiv.
Ich würde zuerst die Selbstachtung und dann das Haus bauen.
Ich würde weniger über die Liebe zur Macht
und mehr über die Macht der Liebe reden.

Diane Looman[7]

Dinge, die eine Mutter niemals sagt:
- »Du siehst ja gar nichts, wenn du so weit weg vom Fernseher sitzt.«
- »Ich habe früher auch öfter mal die Schule geschwänzt.«

- »Lass ruhig alle Lampen an, wir haben diesen Monat mehr Geld für die Stromrechnung.«
- »Lass mich mal das Hemd riechen. ... Ja, das geht noch mal eine Woche.«
- »Klar, den zugelaufenen Hund darfst du behalten, ich pflege ihn für dich.«
- »Wenn Timmys Mutter sagt, dass das geht, dann ist es ja gut!«
- »Abends um acht zu Hause sein ist nur so eine allgemeine Regel; Mitternacht tut's auch.«
- »Ich hab gerade kein Taschentuch; putz deine Nase am Ärmel ab.«
- »Nein, du brauchst keine Jacke, der Wind wird bestimmt bald wärmer.«[8]

Das Herz einer Mutter ist ein tiefer Abgrund, auf dessen Boden man immer Vergebung entdeckt.

Honoré de Balzac

Eine Kindergottesdiensthelferin bat ihre Schützlinge, Bilder von ihrer Lieblingsgeschichte aus der Bibel zu malen. Jimmys Bild verstand sie nicht recht – es zeigte vier Leute in einem Flugzeug. Sie fragte ihn, welche Geschichte er meinte.

»Na, die Flucht nach Ägypten«, sagte Jimmy.

»Ach so. Dann sind das also Maria, Josef und das Jesuskind. Aber wer ist denn der Vierte?«

»Das ist Pontius der Pilot!«

Weitere Wahrheiten aus Kindermund:

- Lass dich nicht von deiner Mutter kämmen, wenn sie gerade wütend auf deinen Vater ist.
- Wenn deine Schwester dich haut, hau nicht zurück. Der, der erwischt wird, ist immer der Zweite.
- Auch mit Mundwasser kann man den schlechten Mundgeruch eines Hundes nicht verbessern.
- Streichele nie die Katze, während der Staubsauger läuft.
- Wenn du Probleme hast, ist der beste Platz Omas Schoß.

Ich stelle mit großem Interesse fest, dass Gott bei der Erschaffung Adams diesen als fertigen Erwachsenen schuf und sich all das mit den Windeln, Koliken, Trotzphase, Pubertät und Fahrstunden ersparte. ...

Meine persönliche Theorie ist, dass Gott das Elternsein zum Teil dazu gedacht hat, den Charakter der Eltern zu formen, und da er selber schon vollkommen war, konnte er es sich ersparen, Adam dazu zu kriegen, seinen Erbsenbrei zu essen.[9]

Nachdem sie ihre Kinder zu Bett gebracht hatte, zog die Mutter eine alte Hose und viel zu weite Bluse an, wusch ihr Haar im Badezimmer-Waschbecken und trug eine schleimig grüne Feuchtigkeitscreme auf ihr Gesicht auf, die sie zu einer Maske aushärten ließ. Sie hörte, wie die Kinder in ihrem Zimmer immer lauter wurden. Schließlich riss ihr Geduldsfaden, und sie warf ein Handtuch um ihr tropfendes Haar und stürmte in das Zimmer, um den Kleinen die schlimmsten Strafen anzudrohen, wenn sie nicht sofort zurück ins Bett gingen und Ruhe gäben.

Als sie wieder hinausging, hörte sie, wie eine Stimme in der Dunkelheit flüsterte: »Wer *war* das?«

Der Familienzirkus

»Ich kann nicht raus.
Ich hab noch ein Wort zu meiner Mutter gesagt.«

Am Ende des Schuljahres bekam eine Grundschullehrerin Geschenke von ihren Kindern. Der Sohn der Blumenhändlerin überreichte ihr als Erster sein Päckchen. Sie schüttelte es, hielt es hoch und sagte: »Ich wette, dass ich weiß, was da drin ist: Blumen.«

»Das stimmt«, sagte der Junge. »Woher haben Sie das denn gewusst?«

»O, das hab ich halt geraten«, antwortete sie.

Als Nächstes kam die Tochter des Süßwarenhändlers. Die Lehrerin hielt ihr Geschenk hoch, schüttelte es und verkündete: »Da sind bestimmt Bonbons oder Schokolade drin.«

»Woher haben Sie das denn gewusst?«, fragte das Mädchen.

»O, das hab ich geraten«, erwiderte die Lehrerin.

Das nächste Geschenk kam von dem Sohn des Spirituosenhändlers. Die Lehrerin hielt das Päckchen hoch. Es tropfte. Sie nahm einen Tropfen auf ihren Finger und hielt diesen an ihre Zunge. »Das ist sicher Wein?«, fragte sie lächelnd.

»Nein, nein!«, antwortete der Knabe, richtig aufgeregt.

Die Lehrerin wiederholte die Probe mit einem etwas größeren Tropfen. »Dann ist es vielleicht Sekt?«, fragte sie.

»Nein, nein!«, erwiderte der Junge, noch aufgeregter.

Die Lehrerin kostete noch einmal, dann sagte sie: »Ich geb's auf. Also, was ist das?«

Mit leuchtendem Gesicht rief der Junge aus: »Ein Hundebaby!«

Einen Großteil unseres Elterndaseins verbringen wir auf der Zuschauerbank, gleichsam aus der Ferne liebend. Unser Herz hüpft vor Freude und zieht sich vor Angst zusammen, und unser Kind bekommt es – Gott sei Dank – gar nicht mit.

So wird das die nächsten zwanzig Jahre lang bleiben, und eines Tages werde ich sie wohl endlich akzeptieren, diese Regel, die so fest ist wie ein Naturgesetz: Für dein Kind ist es nie richtig, wenn du dich verabschiedest, aber immer, wenn es selber geht.[10]

Eine Mutter schaute zu, wie ihre kleine Tochter aus dem Schulbus sprang und durch den strömenden Gewitterregen auf das Haus zugerannt kam. Da kam ein Blitz. Das Mädchen blieb stehen, schaute zum Himmel hoch und lächelte, dann rannte es weiter.

Noch ein Blitz, und wieder blieb das Mädchen stehen, schaute hoch und lächelte, bevor es weiter auf die offene Haustür zulief.

Als das Kind endlich hereinkam, fragte seine Mutter es: »Warum bist du denn eben stehen geblieben und hast nach oben geguckt?«

»Das musste ich doch, Mama! Der liebe Gott hat mich fotografiert!«

Teenager erziehen ist wie Wackelpudding an die Wand nageln.

Zwei Dinge, die jede Mutter braucht: Arme wie Klettband und ein Herz mit Teflon-Beschichtung.

Wir Mütter sind die größten Schauspielerinnen der Welt. Wenn unser Kind weinend von der Schule nach Hause kommt, weil es keine Freunde hat, müssen wir so tun, als ob unser Herz nicht bricht. Aber wir werden nie einen Preis bekommen für unsere schauspielerischen Leistungen. ... Wir haben den Beruf mit den meisten Überstunden und der schlechtesten Bezahlung. Aber auch den wichtigsten.[11]

Du hast mich sicher aus dem Mutterleib geholt und mich gelehrt, dir zu vertrauen, als ich noch ein kleines Kind war. Seit meiner Geburt bist du mein einziger Halt und mein Gott seit Beginn meines Lebens (Psalm 22,10-11).

WIE MAN EINE FRÖHLICHE FRAU WIRD – SO TUN, ALS OB

Oder: Wie man schon in diesem Leben lachen kann

Vor einiger Zeit schickten mir mehrere Freundinnen aus dem halben Land den gleichen Artikel, den sie aus ihrer Zeitung ausgeschnitten hatten. Der erste Absatz warnte: »Als Redner auftreten kann mehr als nur Lampenfieber bereiten, es kann tödlich sein.«[1] Der Artikel zitierte eine Studie, die gezeigt hatte, dass »das Halten von Reden wie kaum etwas anderes massive Herzprobleme verursachen kann«.

Mag sein, dass es Leute gibt, denen die Angst vor dem Mikrofon »gefährlichen inneren Stress« verursacht, wie der Artikel orakelt, aber ich gehöre nicht zu ihnen. Wenn ich an das Rednerpult trete und all die erwartungsvollen Gesichter sehe, die zu mir hochschauen, fühle ich mich, als ob eine Decke aus lauter Liebe sich um mich legt. Lampenfieber ist einfach kein Problem für mich.

Aber in der letzten Zeit habe ich ein paar Ausnahmen erlebt. Als ich zum Beispiel in Kansas City einem vollen Saal den »Precious-Moments«-Schöpfer Sam Butcher vorstellen musste, merkte ich, wie auf einmal mein Herz raste und meine Hände ganz klamm wurden. Einen Augenblick lang hatte ich sogar den Eindruck, als ob mir die Knie schlotterten! *So fühlt man sich also, wenn man vor dem Mikrofon steht und Angst hat,* dachte ich.

Ein anderes Mal, als Marilyn Meberg und ich zusammen auf einer Konferenz sprachen, schlug Marilyn dauernd nach einer zudringlichen Fliege, die ihr um den Kopf schwirrte. Als ich an die Reihe kam, vollführte das Tier seine Kunststücke direkt vor meinem Gesicht weiter, und als ich tief Luft holte, um in das allgemeine Lachen einzustimmen, sog ich die Fliege wie ein Staubsauger in meine Luftröhre ein. Ich hustete ausgiebig – und pellte einen winzigen Flügel von meiner Zunge.

Sie bereichern das Leben, solche Ereignisse. Aber der eigentliche Stress, den ich als Rednerin erlebe, findet nicht im Vortragssaal statt, sondern bei dem Versuch, zu demselben zu gelangen – oder auch zu der Stadt oder dem Hotel. Ich kann ihn verstehen, den Stoßseufzer eines Vielreisenden: »Ich habe nichts gegen das Reisen, außer wenn ich nicht zu Hause bin!«

Hier ein paar Szenen aus meinem Vagabundenleben:

Einmal flogen Bill und ich nach Memphis, und unser Flugzeug hatte satte Verspätung; es war nach Mitternacht, als wir ankamen, und kein Taxi weit und breit. Unser Glück im Unglück war, dass wir wenigstens kein schweres Gepäck mitschleppen mussten; unser Gepäck war verloren gegangen! Als wir endlich in unserem Hotelzimmer waren, waren wir am Ende. Aber jetzt hatte ich ein neues Problem: Was solltc ich im Bett anziehen? Unser Gepäck war ja weg. In der Unterwäsche schlafen hat mir noch nie zugesagt, und so wickelte ich mich in ein großes Badetuch, das ich mit drei großen runden Ansteckern fixierte, die ich immer bei mir habe und auf denen steht: »Jemand, den Jesus liebt, hat AIDS.« Es war nicht die bequemste Nacht, aber sie war wenigstens kurz ...

Die Organisation »Women of Faith« (Frauen des Glaubens) hat Verträge mit den örtlichen Taxi- und Transportunternehmen, um die Konferenzredner, Sänger und sonstigen Mitwirkenden in den diversen Städten vom Flughafen zum Hotel zu kutschieren. Manchmal fahren wir in einem Kleinbus, manchmal in einer Limousine. (Ehrlich gesagt, die Limousinen gefallen mir nicht; in Amerika haben sie genügend Sitze, um ein Sinfonieorchester zu befördern, aber gerade genug Kofferraum für die Pikkoloflöten!)

Der adrette junge Fahrer, der uns am San Antonio Airport mit seiner Limousine abholte, erzählte uns, dass sein Hauptberuf als Feuerwehrmann ihn zum idealen nebenberuflichen Taxichauffeur machte, da er die Stadt wie seine Westentasche kannte. Wir unterhielten uns angeregt auf dem Weg zum Hotel, wo eifrige Hotelpagen herbeieilten, um uns die Türen zu öffnen und beim Aussteigen zu helfen. Während sie daran gingen, die sechs großen Gepäckstücke für Bill, meine Assistentin und mich auszuladen, gingen wir zur Rezeption. Das Hotel war der reinste Palast, mit altehrwürdiger Eichenholztäfelung und historischen Schildern. Mann, hier konnte man es aushalten!

Ich lächelte die Rezeptionistin an und sagte ihr meinen Namen. Sie tippte ihn in ihren Computer, runzelte die Stirn und tippte wieder. »Wie war Ihr Name noch mal, Madam?«, fragte sie.

»Barbara Johnson. Ich bin eine der Rednerinnen auf der Women-of-Faith-Konferenz«, zwitscherte ich.

Sie tippte weiter, und ihre Stirn faltete sich erneut. »*Was* für eine Konferenz war das, Madam?«

»Die Women-of-Faith-Konferenz. Wir sind alle hier, Sie müssen viele Reservierungen für die Konferenz haben; die anderen sind bestimmt schon alle da.«

Die Rezeptionistin schluckte einmal, dann sah sie mich skeptisch an und fragte, so langsam, dass auch ein seniler Mensch es verstehen konnte: »Madam? In was für ein Hotel wollten Sie?«

»Na, hierhin, ins Hyatt!«, strahlte ich.

Eine kurze Pause, während die Arme ein höflich-entschuldigendes Lächeln auf ihr Gesicht zwang. »Madam, dieses Hotel ist das Menger.«

Unser Fahrer, der die Stadt wie seine Westentasche kannte, war natürlich längst über alle Berge, und es war technisch unmöglich, unsere sechs massiven Koffer und drei nicht weniger massive Körper in ein normales Taxi zu zwängen, um zum mehrere Straßen entfernten Hyatt zu fahren. Und so standen wir in der Auffahrt, wie drei verstörte Pilger, die gerade den Bus des Lebens verpasst haben, während ein Hotelpage hektisch jemanden suchte, der uns ins Hyatt schaffen konnte.

In Detroit ging alles gut: das richtige Hotel, das richtige Gepäck, keine Verspätung. Aber aufgrund eines Wasserrohrbruchs war der ganze Vorort ohne Wasser. Ich wurde auf der Stelle unerhört durstig. Die Konferenz würde ausfallen müssen, hieß es. Der Feuerwehrhauptmann weigerte sich, uns in den Vortragssaal zu lassen, solange es bei einem eventuellen Feuer kein Wasser gab. Aber die Gebete stiegen auf, und der Segen kam herunter, und gerade noch rechtzeitig lief das Wasser wieder. Das einzige Ungewöhnliche waren die Schilder in sämtlichen Toiletten, dass das Wasser in den Waschbecken und den Toilettenschüsseln nicht zum Trinken geeignet sei ...

In Atlanta durften wir den 42. Stock eines der höchsten Hotels in Amerika beziehen. Wir fanden das toll – bis ein Polizeinotruf von einem der Gäste das Alarmsystem der Aufzüge auslöste, genau in dem Augenblick, wo Hunderte von Konferenzfrauen nach der Abendveranstaltung zurück ins Hotel strömten. Als Luci, Patsy, Marilyn und ich in die Lobby traten, war diese voll von

Frauen, die müde darauf warteten, dass die Aufzüge wieder fuhren. Die stets geistesgegenwärtige Luci rief spontan aus: »Das ist was für das Andachtsbuch!« (Wir suchen ständig neues Material für die Andachtsbücher, die wir jedes Jahr neu zusammenstellen.)

Nun, irgendjemand fand heraus, dass ein Expressaufzug, der nur die oberen Stockwerke bediente, in Betrieb war. Wir quetschten uns hinein, fuhren in den 45. Stock und stiegen die drei Treppen hinunter zu unserem Stockwerk.

Dies sind nur ein paar der Höhepunkte. Es gab noch viele andere – wie jene sehr nette Gastgeberin, die in einem zweitürigen Coupé vorfuhr, um meine beiden vollschlanken Helfer plus mich und unsere diversen Kisten und Koffer von dem Hotel zu unserer Konferenz zu fahren. Als wir ausstiegen, blieben die Leute auf der Straße stehen. Sie müssen wohl gedacht haben, dass dies eine jener Zirkusnummern war, wo zwanzig Gepäckstücke aus einem VW-Käfer fliegen, gefolgt von einer ganzen Parade Riesenclowns.

In einer anderen Stadt hatte unsere Betreuerin Angst, im Stadtverkehr Auto zu fahren, und hatte vorsorglich ihren Mann mitgeschleift, der (wie so viele Ehemänner) zu stolz war, um jemanden nach dem Weg zu fragen, und sich folglich gründlich verfuhr.

In Birmingham fuhr unsere Betreuerin uns am Freitagnachmittag vor der Konferenz netterweise in ein riesiges Einkaufszentrum, um uns die Gelegenheit zu einem Blitz-Shopping zu geben. Wir waren so aufgeregt, dass wir uns nicht merkten, durch welchen Eingang wir das Einkaufszentrum betraten. Als wir uns also nach einer halben Stunde an demselben Eingang wieder mit unserer Betreuerin treffen wollten, hatten wir null Ahnung, wo der war, noch nicht einmal, zu welchem Laden er gehörte. Alles, was ich dem Polizisten, der uns zu helfen versuchte, sagen konnte, war, dass dort ein Mannequin in einem roten Kleid gewesen war ...

Nein, als wir mitten drin waren, waren diese Erlebnisse nicht lustig, aber heute können wir herzlich über sie lachen. Und es ist viel leichter, das nächste Missgeschick mit einem Lächeln zu ertragen, wenn ich daran denke, welchen Spaß es mir machen wird, es später meinen Freunden zu erzählen!

UMZINGELT

Ob Sie reisen oder eher zu Hause bleiben, auch Sie haben Ihr Quantum an Stress und Chaos. Zu den gestresstesten Frauen in der heutigen Welt gehören die, die sich gleichzeitig um ihre Kinder und ihre kranken oder senilen alten Eltern, die möglicherweise am Ende der Welt wohnen, kümmern müssen. Nehmen Sie dazu noch einen vollen Beruf und/oder einen Ehemann, der auch alte Eltern hat, und die Nervenklinik lässt grüßen ...

In solchen Zeiten haben Sie oft keine große Wahl, was Sie als Nächstes tun sollen. Sie stolpern einfach von einer Krise in die andere. Wie die Frau (es gibt sie zu Hunderten), die mir berichtete, dass ihr Mann gerade geschäftlich im Ausland war und sie ein größeres Projekt in ihrem Büro fertigbekommen musste, als ihre verwitwete Mutter, die 1.500 Kilometer entfernt wohnte (ja, das ist Amerika), ganz plötzlich operiert werden musste. Mehrere Tage lang übernachtete die Frau auf einem Notbett im Krankenhauszimmer ihrer Mutter, versuchte, ihre Arbeit per Laptop und Handy fertigzubekommen, ihre Mutter zu pflegen und Leute zu finden, die ihre beiden Teenager am anderen Ende Amerikas zur Schule, zum Gottesdienst und zum Fußballtraining fuhren. Während sie dort war, erfuhr sie, dass ihre Schwägerin, die allein in einer die nächsten 1.500 Kilometer entfernten Stadt wohnte, schwer an Krebs erkrankt war und ebenfalls eine Notoperation haben musste. Als Nächstes rief einer ihrer Teenagersöhne an und eröffnete ihr so nebenbei, dass er sich seine Zunge hatte piercen lassen und dass die Katze nicht mehr hinter dem Kühlschrank hervorkam. Der Kühlschrank ging nicht mehr, die Katze miaute nicht mehr, und man befürchtete das Schlimmste.

Wenn wir in diesen Zwickmühlen stecken, haben wir keine große Wahl. Die Kontrolle über unser Leben ist uns entglitten, was passiert, passiert. Aber *eine* Wahl haben wir doch: wie wir auf das, was uns da widerfährt, reagieren. Wir können uns für Gott entscheiden. Wir können sagen: *Ich will mich an Gott halten, der versprochen hat, mich nie zu verlassen, egal wie verrückt meine Tage werden.*

Und wir können uns für das Lachen entscheiden.

Doch, ich weiß, es ist nicht immer einfach, eine fröhliche Frau zu sein. Aber, wie jemand sagte, Gott ruft uns sozusagen zu:

Ich habe nicht gesagt, dass es einfach sein wird. Ich habe gesagt, dass es die Mühen wert sein wird!

Wenn das Flugzeug Verspätung hat oder der Aufzug nicht geht oder das Gepäck weg ist, möchte ich am liebsten jammern und klagen. Oder mein Herz und mein Gesicht hart machen und dem armen Menschen, der mir da gerade über den Weg läuft, eine Abreibung mit Worten verpassen. Nun, ich habe beides ausprobiert, und ehrlich gesagt, es bringt nichts. Sicher, ich kann etwas Dampf ablassen, aber gleich danach kommt schon die Reue über meine harten Worte.

Wogegen ich mich nicht erinnern kann, jemals ein einziges liebes Wort bereut zu haben, das ich sagte, wenn das Leben gerade schwierig war. Oder ein Lächeln, das ich auf meine Lippen zwang, anstatt wütend dreinzublicken. Oder ein Kichern statt einer Beschwerde.

WIE MAN ES SIEHT

Einer der Menschen, die ich am meisten bewundere, wenn es darum geht, im Elend zu lachen, ist meine Freundin Joni Eareckson Tada. Was für eine Gabe sie hat, die Sonne der Freude in die dunkelsten Situationen zu bringen! Durch einen Tauchunfall gelähmt, sitzt Joni seit über dreißig Jahren im Rollstuhl und schreibt Mut machende Bücher, malt wunderbare Bilder und leitet »Joni and Friends«, ein christliches Werk, das anderen Rollstuhlchristen in der ganzen Welt Gottes Liebe zu bringen versucht.

Gut, dass Joni bei uns war, als bei einer Frauenkonferenz in Kalifornien ein echt ärgerliches Missgeschick passierte. Aufgrund eines Missverständnisses waren mehr Karten verkauft worden, als es Plätze gab. Hunderte von Frauen mussten feststellen, dass »ihre« Plätze bereits besetzt waren von anderen, die eine ordentliche Eintrittskarte mit Platznummer vorweisen konnten. Den Konferenzorganisatoren gelang es schließlich, von einem großen Bestattungsunternehmen eine Reihe höchst unbequemer Klappstühle auszuleihen, die man in aller Eile im Untergeschoss aufstellte, wo die Frauen (so sie echt gute Augen hatten) die Veranstaltung auf Fernsehbildschirmen mitverfolgen konnten.

Die Stimmung in diesem Katakombenraum war nicht die beste. Diese Frauen hatten Karten zum vollen Preis gekauft, und jetzt saßen sie auf diesen harten Stühlen im Keller. Sie grummelten immer noch, als die Lichter verdunkelt wurden und das Programm begann. Die erste der Rednerinnen war Joni. Die Frauen schauten zu, wie ein winziger Aufzug sie lautlos in ihrem Rollstuhl auf das Podium beförderte, worauf sie in die Mitte der Bühne fuhr und die Zuhörer mit ihrer melodischen Altstimme begrüßte.

»Ich habe gehört, dass einige von euch heute Abend Probleme mit ihren Stühlen haben«, sagte sie warm lächelnd. Dann drehte sie ihren Rollstuhl langsam, so dass sie alle im Auditorium ansehen konnte. »Ich kann euch gut verstehen«, fuhr sie, immer noch lächelnd, fort. »Ich *hasse* meinen Stuhl!«

Ein Raunen ging durch den Saal, alle Augen waren auf Jonis dünnen Körper gerichtet, der an dem Rollstuhl festgeschnallt war. »Und wisst ihr was?«, fragte sie, spitzbübisch blinzelnd. »Ich habe tausend Freunde, die mit Begeisterung heute Abend ihren Stuhl mit eurem tauschen würden!«

Plötzlich war die Spannung weg in dem riesigen Auditorium (und in dem dunklen Kellersaal), und 20.000 Frauen hatten eine neue Perspektive für diesen Abend.

Jonis Worte an diesem Abend erinnern mich an eine Geschichte, die irgendjemand mir schickte. Ein erfolgreicher junger Manager probierte eines Morgens auf dem Weg zur Arbeit eine Abkürzung aus und verfuhr sich in einem heruntergekommenen Viertel mit verrammelten Schaufenstern und trostlosen Plattenbauten. Er war frustriert und unruhig. Was, wenn jemand in diesem Asozialenviertel seinen neuen Sportwagen sah? Und anstatt besonders zeitig zur Arbeit zu kommen, würde er Verspätung haben.

Plötzlich segelte zwischen zwei Autowracks, die am Straßenrand geparkt standen, ein Ziegelstein hervor. Der Manager stieg auf die Bremse, legte den Rückwärtsgang ein und schoss zurück zu der Stelle, wo der Ziegelstein geflogen war. Auf dem Bürgersteig stand ein dünner Teenager, der den Mann erwartungsvoll ansah.

Der Manager öffnete das Fenster. »Was fällt dir ein, du Trottel? Du hast gerade 'ne Fünftausend-Dollar-Beule in mein neues Auto gemacht! Ich hoffe, es hat dir Spaß gemacht, denn das wird teuer für dich, mein Freund!«

»Bitte, Mister«, erwiderte der Junge. »Ich wusste nicht, was ich sonst machen sollte!«

Jetzt sah der Mann die Tränen, die dem Jungen über das Gesicht liefen. Der fuhr fort: »Mein Bruder, Mister. Wir waren auf dem Schulweg, und da ist er den Bordstein runter und aus seinem Rollstuhl gefallen, hinter dem Auto da, und ich kann ihn nicht alleine aufheben.« Jetzt schluchzte der Junge. »Können Sie mir bitte helfen, ihn wieder in den Rollstuhl zu setzen, Mister? Er hat sich wehgetan, und er ist zu schwer für mich.«

Der junge Manager sprang aus seinem Sportwagen und lief zu der Stelle, wo der Bruder des Jungen im Gully lag. Er hob ihn ohne Mühe zurück auf seinen Rollstuhl, ein heruntergekommenes Vehikel mit einem verbogenen Rad und aufgerissenem Polster. Er wischte dem Jungen die Schürfwunden mit einem Taschentuch ab und untersuchte ihn vorsichtig, ob er sich ernsthaft verletzt hatte. Die Tränen der beiden Jungen hörten auf, und sie machten sich kichernd und albernd wieder auf den Weg zu der Schule, einem bunkerähnlichen Gebäude, das von einem nackten Betonschulhof und einem übermannshohen Maschendrahtzaun umgeben war.

Der Mann schaute dem Jungen hinterher, wie er seinen älteren Bruder über den Bürgersteig schob, der Unfall war schon wieder vergessen. Als sie um die Ecke bogen, winkte der Junge dem Mann lächelnd ein Dankeschön zu.

Der Weg zurück zu seinem schönen Auto kam dem Manager lang vor. Die Beule in der Tür ließ er nicht reparieren; er beließ sie als Erinnerung an die neue Perspektive, die diese beiden Jungen ihm gegeben hatten. Schließlich hatte er keine Freude mehr an dem Sportwagen und tauschte ihn gegen einen Kleintransporter. Er benutzt seine neue Abkürzung oft und schaut dann immer nach den beiden Jungen mit dem Rollstuhl aus, damit er ihnen, falls nötig, wieder helfen kann.

Diese beiden Jungen, sie hatten diesem vielbeschäftigten Manager das gleiche Geschenk gemacht, das Joni all den Frauen in der Konferenz machte. Mit ihrem hellen Lächeln und sanften Worten erinnerte sie uns daran, uns auch in schwierigen Situationen zu freuen.[2]

Was für eine Perspektive bringen *Sie* in unangenehme Situationen hinein? Eine finstere Miene oder Freude? Murren Sie oder lachen Sie? Folgen Sie dem Beispiel unseres Herrn und halten die fest, die unter ihrer Last niedersinken (Psalm 145,14)?

DREI KLEINE WORTE

Eine meiner Lieblingszeitschriften heißt *Bits & Pieces* (zu Deutsch etwa: »Dies und das«) und liegt 14 Mal im Jahr in meinem Briefkasten. Vor kurzem hatte ein Artikel den Titel: »Die drei stärksten Worte in unserer Sprache.« Als erfahrene fromme Frau dachte ich, dass das wohl so etwas wie »Ich liebe dich« oder »Gott ist gut« oder vielleicht auch »Bitte, nimm meines« sein müsste. Aber siehe da, die drei Worte, die garantiert »Wunder in Ihrem Leben« wirken, sie lauteten ganz anders:

SO, ALS OB.

Der Autor erklärte: »Verhalten Sie sich so, wie Sie werden wollen, und Sie werden so, wie Sie sich verhalten.« Also: Wenn Sie glücklich werden wollen, dann *tun Sie so,* als ob Sie schon glücklich seien, auch wenn Sie sich so elend fühlen wie ein Fisch im Sandkasten!

Ganz neu ist diese Idee ja nicht. Vor Tausenden von Jahren schon ließ Gott durch den Mund seines Propheten sagen:

Da wird der Feigenbaum nicht grünen, und es wird kein Gewächs sein an den Weinstöcken. Der Ertrag des Ölbaums bleibt aus, und die Äcker bringen keine Nahrung; Schafe werden aus den Hürden gerissen, und in den Ställen werden keine Rinder sein. Aber ich will mich freuen des HERRN und fröhlich sein in Gott, meinem Heil. Denn der HERR ist meine Kraft, er wird meine Füße machen wie Hirschfüße und wird mich über die Höhen führen (Habakuk 3,17-19).

Freuen Sie sich! Selbst wenn die Feigen nicht blühen, die Äcker leer sind und Ihre Freunde Sie verlassen – lächeln Sie und preisen Sie Gott. Genau das versuchen wir bei den Women-of-

Faith-Konferenzen, wenn das Wasser abgedreht wird, das Gepäck verschwunden ist und der Lift nicht geht.

Wir *können* es schaffen. Wir *können* im finstersten Keller vor Freude leuchten, weil Gott selber unser Akku ist, der uns die Energie liefert, zu lächeln und zu lachen, egal wie tief die Patsche ist, in der wir sitzen. Wie jemand gesagt hat: »Oft fordert Gott uns auf, Dinge zu tun, die wir aus eigener Kraft gar nicht können, aber zu denen er uns *seine* Kraft gibt. Es braucht den Heiligen Geist, um diese Situationen zu erkennen.«[3]

Wir können so tun, als ob wir die Fahrt genießen, auch wenn die Straße rau ist, die Sitze hart und die Klimaanlage wie ein Backofen. Die folgende Geschichte aus *Bits and Pieces* illustriert diese Art Einstellung gut:

Der berühmte Erweckungsprediger John Wesley bekam es mit der Angst zu tun, als das Schiff, mit dem er nach Amerika fuhr, in einen heftigen Sturm geriet. Aber einige der Passagiere waren die Ruhe selber. Dies beeindruckte Wesley so sehr, dass er sie fragte, was das Geheimnis ihrer Gelassenheit sei. Es war schlicht der unerschütterliche Glaube an Gottes Hilfe und Vorsehung. Als Wesley traurig bekannte, dass er diesen Glauben nicht habe, sagte einer der Männer zu ihm: »Das ist ganz einfach. Handele so, als ob du diesen Glauben schon hast, und nach und nach wird er in dir wachsen.« Wesley befolgte den Rat und entwickelte einen solch starken Glauben, dass er schließlich die schwierigsten Situationen meistern konnte.[4]

Einer der größten Vorteile des Sichfreuens (oder des So-Tuns, als ob) ist, dass die Freude, die wir weitergeben, wie ein Bumerang zu uns zurückkommt, und zwar dann, wenn wir sie am meisten brauchen. Auf diese Art kriege ich täglich meine Ration an lächerlichen Köstlichkeiten ins Haus geliefert. Eines meiner Lieblingsbeispiele ist ein anonymer Zettel von einer 27-jährigen Frau, den ich am Büchertisch vorfand. Sie schrieb mir, wie sie es genossen habe, am Ende meines Vortrags mit mir und den anderen 12.000 Frauen auf der Konferenz das Lied »I'll Fly Away« (auf Deutsch etwa: »Ich gehe heim«) zu singen. Und es ist wirklich ein Erlebnis, wenn eine bis auf den letzten Platz besetzte Halle »Ich gehe heim, ich gehe heim, ja mein Heiland holt mich heim« singt. Die Frau schrieb:

Ich wollte Ihnen nur sagen, wie ich lächeln musste, als wir »Ich gehe heim« sangen. So wie ich kannte dieses Lied wohl keine Zweite in dem Saal. Ich weiß noch, wie wir es in unserer Kirche lernten. Meine Mutter beugte sich zu mir und erzählte mir, wie meine Großmutter aus voller Kehle »Ich gehe heim« sang. Als sie zu dem Refrain kam, hatte sie den Text vergessen, aber das stoppte sie nicht. Sie erfand flugs ihre eigene Version: »Ich gehe heim, ich gehe heim, tralala, wie wird das sein!«

So werden meine Schwestern und ich dieses Lied bis zum Tralala, ich meine: bis zum Grab, singen.

Seitdem muss ich jedes Mal, wenn ich meine Zuhörer dieses Lied anstimmen lasse, an diese wackere kleine Oma denken, die ihren eigenen Text sang, und wieder kommt Freude in mein Herz.

Ein anderes Freudengeschenk bekam ich aus den Bahamas geschickt. Als ich den Umschlag öffnete, fiel ein Stückchen Stoff heraus, das ein Muster aus lauter roten Blüten auf Strohhüten auf schwarzem Hintergrund zeigte. Das Ganze war mit Nadeln an einem handtellergroßen Stück Pappe angebracht, das wie ein Kleid aussah. Die Schreiberin erklärte, dass sie mein Buch *Freude ist die beste Medizin* gelesen habe (das auf dem Umschlagbild eine Frau mit einem mit roten Geranien verzierten Hut zeigt) und vor kurzem ein Stück Stoff wie in dem Brief gekauft habe, um sich ein Kleid zu nähen. »Erst als ich das Kleid fertig hatte, merkte ich, dass es ja diese Blumenhüte im Muster hat. Jetzt nenne ich es mein ›Geranienhutkleid‹, und wenn ich es trage, denke ich an Sie.«

»Halleluja! Mein Östrogenpflaster wirkt!«

Ein kleines Stoffstück, das an ein Stück Pappe geheftet war, mehr nicht. Aber es machte meinen Tag hell, mir vorzustellen, wie Tausende Kilometer entfernt eine andere fröhliche Frau, die ich nie gesehen hatte, gerne an mich dachte.

Dieser Geranienbrief erinnerte mich an ein Lied, das ich als Kind gerne sang:

Warte nicht, bis eine große Heldentat du tust,
irgendwo in einem fernen Land.
Was du heute tun kannst, das nimm in die Hand,
mach hell die Ecke, wo du bist.

Mach hell die Ecke, wo du bist!
Mach hell die Ecke, wo du bist!
Vielleicht zeigst du einem Schiff in Not den Weg nach Haus.
Mach hell die Ecke, wo du bist![5]

DIE FREUDENVERSCHWÖRUNG

Kürzlich las ich in einem Artikel, dass »Glücklichsein ein Talent ist«.[6] Und gleich danach stieß ich auf einen Ratschlag des amerikanischen Philosophen William James: »Wenn du eine Eigenschaft haben möchtest, verhalte dich so, als ob du sie bereits besäßest.«[7] Also: Auch wenn Sie denken, dass Sie kein Talent zum Glücklichsein haben – tun Sie so, als ob Sie es hätten! Sie werden sehen, dass Freude wie eine Impfung ist, die uns gegen alle möglichen Krankheiten immunisiert. Freude öffnet unsere inneren Augen, so dass wir sehen können, wie Gott in uns und unserer Welt am Wirken ist. Und sie hilft uns, uns an Gottes positive Antworten auf all die negativen Dinge, die wir über uns selber sagen, zu erinnern, wie diese wunderbare Liste, die irgendjemand mir schickte, zeigt:

Du sagst: »Das ist unmöglich.« Gott sagt: »Bei mir ist alles möglich« (Lukas 18,27).

Du sagst: »Ich bin zu müde.« Gott sagt: »Ich will euch Ruhe schenken« (Matthäus 11,28-30).

Du sagst: »Keiner liebt mich.« Gott sagt: »Ich liebe dich« (Johannes 3,16).

Du sagst: »Ich kann nicht mehr.« Gott sagt: »Meine Gnade ist alles, was du brauchst« (2. Korinther 12,9; Psalm 91,14-15).

Du sagst: »Ich weiß nicht, was ich machen soll.« Gott sagt: »Ich will dir den richtigen Weg zeigen« (Sprüche 3,5-6).

Du sagst: »Das schaffe ich nicht.« Gott sagt: »Du kannst alles« (Philipper 4,13).

Du sagst: »Das kann ich nicht.« Gott sagt: »Aber *ich* kann« (2. Korinther 9,8).

Du sagst: »Das ist es nicht wert.« Gott sagt: »Das wird es wert sein« (Römer 8,28).

Du sagst: »Das kann ich mir nicht vergeben.« Gott sagt: »Aber ich vergebe dir!« (1. Johannes 1,9; Römer 8,1).

Du sagst: »Damit komme ich nicht zurecht.« Gott sagt: »Ich werde dir alles geben, was du brauchst« (Philipper 4,19).

Du sagst: »Ich habe Angst.« Gott sagt: »Ich habe dir nicht einen Geist der Furcht gegeben« (2. Timotheus 1,7).

Du sagst: »Ich bin immer so frustriert und mache mir Sorgen.« Gott sagt: »Überlass alle deine Sorgen mir« (1. Petrus 5,7).

Du sagst: »Ich bin so allein.« Gott sagt: »Ich werde dich nie verlassen und dich nicht im Stich lassen« (Hebräer 13,5).

Keiner erwartet, dass Sie diese Verse auf der Stelle alle auswendig lernen und über Nacht ein neuer Mensch werden. Wenn Sie so sind wie ich, werden Sie Ihr Jammern lieber allmählich reduzieren, damit Sie kein Einstellungs-Schleudertrauma kriegen! Begnügen Sie sich so lange mit diesen unfehlbaren Warnzeichen, dass Sie *wirklich* mit Ihrem Latein am Ende sind:

- Es ist Ihnen wurscht, wenn es stürmt, weil Sie nichts mehr haben, das wegfliegen könnte.

- Ihr Hund folgt jemand anderem nach Hause.

- Sie können sich die Studiengebühren für die Lebensschule nicht mehr leisten.

- Sie haben so lange den Kopf hoch gehalten, dass Sie die große Genickstarre haben.[8]

Und wenn sich alles gegen Sie verschworen zu haben scheint, denken Sie an diesen guten Rat, den ich auf einer Grußkarte las:

Eine positive Einstellung mag nicht alle deine Probleme lösen, aber sie wird genügend Leute ärgern, um sich zu rentieren!

Was uns zu der traurigen Tatsache bringt, dass es draußen in der emotionalen Tundra tatsächlich ein paar Menschen gibt, die es nicht ertragen können, wenn jemand sich freut. Das ist so wie bei der alten Definition des Puritanismus als der »bohrenden Angst, dass gerade irgendwo jemand glücklich sein könnte«. Diese Anti-glücklich-Leute wurden vor ein paar Jahren in einem Zeitungsartikel beschrieben, der eine Gruppe namens »Geheimbund der Glücklichen« vorstellte. Das Ziel dieser Organisation, so ihre Gründerin, ist es, »das Glücklichsein salonfähig zu machen«. Doch ihre Bemühungen stoßen nicht immer auf Gegenliebe. Der Artikel berichtete, dass sie im Fernsehen bereits verflucht worden war und Drohanrufe von Leuten erhielt, die es nicht ertragen konnten, dass es Menschen gibt, die dauernd glücklich sind. Doch die Dame war entschlossen, ihre Arbeit für »die Glücklichen, die sich geoutet haben«, fortzusetzen.

Als Beispiel dafür, wie die Mitglieder der Gruppe die Verbreitung des Glücks fördern, nannte der Artikel einen Tierarzt in Texas, der aus der Lokalzeitung Bilder von Schülern und Studenten ausschneidet, die eine Auszeichnung wegen schulischer oder sportlicher Leistungen bekommen haben. Er lässt die Bilder dann laminieren und schickt sie an die Eltern der Schüler, »mit einem anonymen Glückwunschschreiben«. Der Tierarzt erklärte: »Wenn Sie etwas Nettes für jemand tun und er weiß nicht, von wem es kommt, gibt das der Sache so ein gewisses Etwas.«[9]

Ähnlich hält es eine Frau, die mir schrieb, dass sie nach der Lektüre meines Buches *Freude ist die beste Medizin* anfing, »Freudenkästchen« mit Witzen, Cartoons und anderen Lächerlichkeiten für die Freundinnen in ihrer Selbsthilfegruppe für Trauernde zusammenzustellen. »Ich habe ihnen natürlich sofort erklärt, dass ich die Idee von dir habe, Barbara, damit sie nicht denken, dass ich selber so clever bin!« Diese Frau möchte »anderen Menschen Mut machen. Ich frage mich immer, wie ich ihnen ein Stück Freude bringen kann. Und ich habe festgestellt, dass diese Freude sich dann auch auf mich selber überträgt.«

GESTEN DER FREUDE

Manchmal kann schon eine kleine Geste der Freude Balsam für eine verwundete Seele sein. Eine Frau schrieb mir, dass sie vor einigen Jahren zu Weihnachten eine Geranie von ihrer Freundin bekommen habe. Die Freundin fand, dass eine Blume allein ein bisschen dürftig sei, und so hatte sie dazu passend ein Buch beigelegt, das das Wort »Geranie« im Titel hatte – mein Buch *Freude ist die beste Medizin*, das im Original *Stick a Geranium in Your Hat and Be Happy* heißt.

»Dieses Buch war eigentlich als Gag gedacht«, schrieb diese Frau. »Ich glaube nicht, dass dein Name meiner Freundin damals ein Begriff war; sie kaufte das Buch nur, weil der Titel zu der Pflanze passte. Aber dann griff Gott ein, und jetzt bin ich also ein Barbara-Johnson-Fan. Dass du als Frau, die so viel durchgemacht hat, die Freude entdeckt hast, anderen zu helfen, das ist echt stark. Ich weiß gar nicht mehr, wie oft ich meiner Freundin gedankt habe, dass sie mir quasi als Witz dieses kleine Buch geschenkt hat.«

Bei der Konferenz in Kansas City half mir mein Freund Roger Shouse am Büchertisch. Anschließend erzählte er mir, was seine Frau, Debbie, und er sich hatten einfallen lassen, um mehr Freude unter die Leute zu bringen. Er hatte einen Handzettel mit dem Titel »Wie man eine Geranienparty gibt« verfasst, der die folgenden sechs einfachen Schritte nannte:

- Laden Sie mehrere Damen aus Ihrer Gemeinde oder Nachbarschaft zu sich ein und bitten Sie sie, je ihre Lieblingsblume mitzubringen.

- Sorgen Sie für ein paar einfache Erfrischungen.

- Tauschen Sie sich über Ihre Lieblingsgeschichte oder Ihr Lieblingszitat aus Barbaras Büchern aus.

- Zeigen Sie eines von Barbaras Videos.

- Unterhalten Sie sich darüber, wie Freunde und Beten einem helfen können, wenn man in Not ist.

- Tauschen Sie zum Ende der Party die Blumen untereinander aus.

Nein, es ist nicht immer einfach, voller Freude zu sein. Den meisten von uns liegt das Klagen mehr als das Loben. Aber die, die es gelernt haben, sich über alles zu freuen (Jakobus 1,2-3), werden es erleben, wie diese Freude als Segensbumerang Gottes zu ihnen zurückkommt und viel stärker ist als ihre Not. Wenn Sie sich in Ihren Lebenskrisen wie ein Wüstenwanderer vorkommen, der sich verlaufen hat, dann schauen Sie sich um – da ist es, das Manna der Freude, das Gott für Sie bereit hat. Das Leben ist nicht immer das, was wir uns wünschen, aber es ist das, was wir haben. Also, mit Gottes Hilfe: Entscheiden wir uns für die Freude!

Himmlische Mathematik:
Mögen deine Freuden addiert werden,
deine Sorgen subtrahiert,
deine Freunde multipliziert
und deine Feinde dividiert.

Wie man jemanden »dumm« nennt, ohne ins Fettnäpfchen zu treten

»Ihr fehlen ein paar Kartoffeln im Auflauf.«
»Er hat die Intelligenz einer Heckenschere.«
»Die hat 'nen Heuboden im Kopf.«
»Sein Hinterstübchen hat Sauerstoffmangel.«
»In ihrem Kopf dreht sich das Rad noch, aber der Hamster ist tot.«
»Seine Antenne empfängt nicht alle Kanäle.«
»Bei ihrem Telefon hängt dauernd der Hörer daneben.«
»Sein Gürtel passt nicht durch alle Schlaufen.«
»Ihre Leitung hat 'nen Knick.«

Die Grußkarte, die nicht gedruckt wurde:
Als es unter meinem Auto »Bums!« machte, war's deine Katze. Tut mir Leid!

Wie man sich in einem Aufzug die Zeit vertreiben kann:

1. Öffnen Sie Ihre Handtasche, schauen Sie hinein und fragen Sie laut: »Habt ihr genug Luft?«

2. Bieten Sie den Zusteigenden Namensschilder an. Tragen Sie Ihres verkehrt herum.
3. Stellen Sie sich stumm in eine Ecke, den Blick zur Wand gerichtet, und steigen Sie nicht aus.
4. Wenn Ihr Stockwerk kommt, versuchen Sie ächzend, die Tür zu öffnen, und markieren Sie großes Erstaunen, wenn sie es von selber tut.
5. Begrüßen Sie jeden Zusteigenden mit einem warmen Händedruck, schauen Sie ihm in die Augen und sagen Sie: »Willkommen an Bord! Ich bin der Pilot.«
6. Wetten Sie mit den anderen Passagieren, dass Sie eine Zehner-Münze in Ihr Nasenloch schieben können.
7. Rufen Sie beim Passieren der Stockwerke laut »Ding!«.
8. Malen Sie mit Kreide einen kleinen Kreis auf den Fußboden und erklären Sie den anderen, dass dies Ihr persönliches Revier ist.

Haben Sie sich auch schon einmal hingesetzt,
um nachzudenken – und vergessen, wieder aufzustehen?

Wer zuletzt lacht,
denkt am langsamsten.

Schild an einer Ladentür:
Bin aus dem Häuschen.
In 5 Minuten zurück.

Möge Gottes Freude dich wie die Sonne bescheinen, dein Herz erfüllen, deine Seele still machen und deinen Schmerz lindern.

(Tragen Sie zur Sicherheit einen Freuden-Schutzanzug, damit Sie nicht *über*glücklich werden!)

Erfolg wird nicht danach gemessen, wie hoch man fliegt, sondern wie hoch man springt.[10]

Die Stewardess fragte einen Passagier, ob er eine Bordmahlzeit wünschte.

»Was habe ich für eine Wahl?«, fragte der Passagier.

»Ja oder nein«, erwiderte die Stewardess.[11]

Wenn Unwissenheit ein Geschenk des Himmels ist,
warum sind dann so wenige Menschen glücklich?

Der junge Mann konnte nicht mehr. Er ging auf die Knie und betete: »Herr, das schaffe ich nicht! Mein Kreuz ist zu schwer.«

Der Herr erwiderte: »Mein Sohn, wenn es dir zu schwer ist, dann lege es doch einfach in diesem Zimmer da hin und suche dir ein anderes aus.«

Der junge Mann war erleichtert. »Danke, Herr!« Und er legte sein Kreuz hin.

In dem Zimmer waren viele andere Kreuze, einige so groß, dass man ihr oberes Ende nicht sehen konnte. Aber da hinten, an einer Wand, lehnte ein ganz kleines.

»Das hätte ich gerne, Herr«, flüsterte er.

Der Herr antwortete: »Mein Sohn, das ist das Kreuz, das du gerade gebracht hast.«

In meinem nächsten Haus wird es keine Küche geben,
nur Süßigkeitenautomaten.

Nein! Nicht schon wieder die Schule des Lebens!

Willst du sagen mir: »Ich lieb dich«?
Sag es jetzt, solang ich hör
deine Stimme, sanft und zärtlich,
dass ich dir bedeute mehr.

Willst du zeigen mir: »Ich lieb dich«?
Streichle Hand und Wange mir,
und dann höre meine Träume,
meine Nöte und Beschwer.

Unsre Lebensuhr tickt weiter,
bald sind wir nur Schall und Rauch.
Willst du sagen mir: »Ich lieb dich«?
Sag es jetzt. Ich sag es auch.
Ann Luna

Herr Jesus Christus,
Du bist der Weg,
sein Ende
und sein Anfang.
Dean Mayne,
(früherer Dekan der Westminster Abbey)

Denn das Lamm ... wird ihr Hirte sein und für sie sorgen. Es wird sie zu den Quellen führen, aus denen das Wasser des Lebens strömt. Und Gott wird alle ihre Tränen abwischen.

(Offenbarung 7,17)

SCHÖNHEITSKURS FÜR FORTGESCHRITTENE

Als Aschenputtel in einer Barbie-Puppen-Welt

Wie tat sie uns Leid, die Dame an der Rezeption des Hotels in Charlotte. Sie arbeitete rasch und sicher an diesem Donnerstagabend vor unserer Women-of-Faith-Konferenz. Sie begrüßte uns freundlich, sodass wir uns gleich wie zu Hause fühlten. Sie schien schon seit langem in dem Hotel zu arbeiten, so gut wie sie das Haus und die anderen Angestellten dort kannte. Aber was war sie schwanger! Wir stellten uns voller Mitleid vor, wie weh ihr Rücken ihr tun und wie ihre Füße geschwollen sein müssten nach acht Stunden Stehen an der Empfangstheke. Aber sie schien kein bisschen müde zu sein, ja, ihre Augen tanzten förmlich, als ob sie jeden Augenblick laut loslachen wollte.

Ja, sie war eine sehr charmante junge Dame. Es gab nur eines, das unsere Herzen vor Mitleid zusammenzog, als wir ihr bei ihrer Arbeit zusahen. Sie hatte ein haariges Problem im Gesicht, genauer gesagt: einen dünnen, dunklen Schnurrbart über der Oberlippe, den man durch die halbe Lobby sehen konnte. Es sah fast so aus, als ob sie versucht habe, ihn etwas zu stutzen, damit die Haare nicht in ihren Mund hingen!

Wie schlimm, dachten wir. *So ein nettes, hübsches junges Ding, und dann dieser Schnurrbart! Irgendjemand sollte sie mal über die neuen Laser-Therapien zur Enthaarung aufklären.*

Ich dachte sogar daran, eine kleine Kollekte für die junge Dame zusammenzulegen, aber wie sollte ich ihr die übergeben, ohne sie zu beleidigen? Irgendwie schien es mir nicht besonders höflich zu sein, ihr einen Umschlag hinzuhalten und zu sagen: »Hier, Schätzchen, damit du dir deinen Bart wegmachen lassen kannst.«

Wir taten also nichts – außer uns darüber zu unterhalten, wie auffällig dieser Bart sei und wie die junge Dame von den Hotelgästen im Laufe des Tages bestimmt den einen oder anderen indiskreten Blick oder sogar unverschämte Bemerkungen abbekäme. Und das arme Kind, das sie bald bekommen würde – was würde es in der Schule gehänselt werden, weil seine Mutter einen Schnurrbart hatte ...

Für den Rest unseres Aufenthalts sahen wir die Dame nicht wieder. Als wir dann am Sonntagmorgen wieder vor dem Empfangstisch standen, um unsere Schlüssel abzugeben und anschließend zum Flughafen zu fahren, bediente uns ein junger Mann, der mir, tja, irgendwie komisch vorkam. Er war ein schöner junger Mann mit hellen Augen, einem fröhlichen Lächeln und – konnte es wahr sein? – exakt dem gleichen dünnen Oberlippenbart wie die schwangere Kollegin am Donnerstag!

»Bitte sehr, Mrs. Johnson, eine schöne Reise dann für Sie alle.« Er schob mir die Quittung über die Theke und warf mir dasselbe Lächeln zu wie seine schwangere Zwillingskollegin vor drei Tagen. Ich muss wohl Stielaugen und einen losen Unterkiefer bekommen haben, denn er fragte höflich: »Kann ich sonst noch etwas für Sie tun?«

Ich schluckte. Kannte ich vielleicht seine Mutter? Meine Arbeit mit Spatula Ministries führt mich ja mit vielen Familien zusammen, wo erwachsene Söhne und Töchter durch einen homosexuellen oder sonstwie extravaganten Lebensstil ihre Eltern an den Rand des Zusammenbruchs gebracht haben. Immer wieder schreiben Mütter mir, was sie alles durchmachen mit ihren Junioren. Dieser Mensch, der da hinter dem Empfangstisch des Hotels stand, er (oder sie) musste wohl ein Transvestit sein oder eine Geschlechtsumwandlung hinter sich haben, und die Worte, die ich so vielen anderen gepredigt hatte, kamen mir plötzlich in den Kopf: *Dieser arme, verführte Junge ist der Sohn irgendeiner lieben Mutter!* Ich war drauf und dran, den jungen Mann über die Theke in meine Arme zu nehmen und zu sagen: »Junge, egal, wie du bist, Gott liebt dich.«

Aber dann erinnerte ich mich, dass er ja am Donnerstagabend *schwanger* gewesen war, und die Drähte in meinem Gehirn verhedderten sich vollends.

Der junge Mann sah es, und sein Gesicht wurde mitfühlend. Die Lippen unter dem Schnurrbart schürzten sich zu einem besänftigenden »O«, und dann fragte er leise: »Ist Ihnen nicht gut?«

»Sie ... Sie ... am Donnerstagabend, waren Sie da ... waren das Sie?« Ich wusste nicht, wie ich sie korrekt stellen sollte, diese indiskreteste aller Fragen.

Er begann zu kichern. »Doch, das war ich. Da hatten wir hier einen Kostümwettbewerb für Halloween, und ich habe den ersten Preis gewonnen!«

Wenn ich an diesen pfiffigen Rezeptionisten zurückdenke und wie wir ihn wegen seines Schnurrbarts bedauerten, frage ich mich, wie viele Leute es wohl gibt, die, wenn sie mich sehen, denken: *Was für eine nette Dame. Aber kann sie sich nicht wenigstens etwas Modeschmuck leisten anstatt dieses Gummirings, den sie um das Handgelenk trägt?* Oder: *Wie kann eine Frau, die mit ihren Reden so vielen Menschen Hoffnung bringt, mit einer*

Handtasche mit offenen Nähten und einer Brieftasche mit Heftklammern drum herumlaufen und ein Kleid tragen, an dem die Knöpfe mit Sicherheitsnadeln angebracht sind?

Doch, ich *weiß*, dass die Leute meine Mode-Fauxpas bemerken, denn sie sind nicht so schüchtern wie ich damals bei dem Schnurrbart der »Rezeptionistin«, sondern sagen mir unverblümt ihre Meinung. Wie die Dame neben mir im Flugzeug, die mich ausgiebig musterte und dann sagte: »Dabei sehen Sie gar nicht aus wie eine Frau, die sich tätowieren lässt!«

Ich wusste nicht, wie sie darauf kam. Dann folgte ich ihrem Blick auf meine rechte Hand – und sah die diversen Telefonnummern und Informationen für den Tag, die ich mit Kugelschreiber auf meinen Handteller gekritzelt hatte. Ich hasse es, in meiner Handtasche nach einem Blatt Papier zu suchen; da ist meine Hand viel praktischer.

»Für das Geld malen Sie mich gefälligst so, wie ich bin!«

An diesem Tag brauchte ich die Telefonnummer des Taxiunternehmens, das uns vom Flughafen nach Hause bringen sollte, und so hatte ich sie auf meine Hand notiert – neben meiner Flugnummer, dem Flugsteig und dem Namen des Frachtunternehmens, das meine Bücher zur nächsten Konferenz transportieren sollte. Doch, mein Gekritzele sah tatsächlich etwas wie moderne Kunst aus.

Auch das mit den Gummis kann ich erklären. Oder vielleicht doch nicht. Ob nun aus Sparsamkeit oder Faulheit, wenn ich irgendwo ein Gummiband finde, streife ich es mir über das Handgelenk, denn früher oder später werde ich es brauchen, und die Schachtel mit den anderen Gummis zu suchen, ist mir zu mühsam.

Dann meine ramponierte Reisetasche: Sie hat genau die richtige Größe für mich und die richtigen Seitentaschen, und so etwas Gutes, ich kriege es einfach nirgends mehr. Sie glauben ja gar nicht, wie viele Leute mir schon eine neue Tasche geschickt haben, weil sie dachten, ich kann mir keine leisten. Aber ich mag meine alte; bei der weiß ich genau, wo alles ist, und die aufgerissenen Nähte bedeuten, dass sie sogar noch etwas größer geworden ist.

Auch meine Brieftasche, ich gebe es zu, hat bessere Tage gesehen. Aber die Heftklammern, die sie zusammenhalten, geben ihr dieses gewisse Etwas: Dies ist nicht irgendeine Feld-, Wald- und Wiesenbrieftasche, dies ist meine! Kürzlich verlor ich sie, als ich einen Schnelleinkauf im Supermarkt machte. Als ich zur Kasse kam, war meine Brieftasche weg. Es scheint, dass ich sie in die Tomaten gelegt hatte, wo ein menschenfreundliches junges Paar sie fand und dem Filialleiter übergab, gerade noch rechtzeitig, um meine Panik zu stoppen. Als der junge Mann und seine Freundin das abgewetzte Leder und die Flecken sahen, ganz zu schweigen von den Heftklammern, dachten sie sicher an eine vergessliche alte Rentnerin, die von der Sozialhilfe lebte. Dann öffneten sie sie und sahen meinen Ausweis, und als sie sie dem Filialleiter übergaben, sagte der junge Mann: »Von der hat meine Mutter sämtliche Bücher gelesen!«

Und die Sicherheitsnadeln, mit denen an einigen meiner Jacken die Knöpfe befestigt sind? Auf einer Konferenz bot mir eine Frau glatt an, die Knöpfe für mich anzunähen. Ich erklärte ihr, dass man bei diesem Kostüm die Knöpfe abnehmen muss, wenn man es in die Reinigung gibt, und da benutze ich der Einfachheit halber diese Sicherheitsnadeln.

SCHÖN, SCHÖN

Das Thema dieses Kapitels ist also Schönheit und Gesundheit. Aber wie Sie vielleicht schon gemerkt haben, bin ich mitnichten ein Ausbund modischen Schicks. Trotz der besten Vorsätze schaffe ich es nur selten, richtig »durchgestylt« auszusehen. Und wenn ich es einmal schaffe, passiert irgendetwas.

Ich trage zu meinen Vorträgen zum Beispiel manchmal künstliche Wimpern, weil ich aus irgendeinem Grund dann nicht losheulen muss, wenn ich von dem schweren Unfall meines Mannes, dem Tod zweier unserer Söhne und der homosexuellen Entfremdung des dritten erzähle. Es muss wohl etwas Psychologisches sein: Ich weiß, dass Tränen die Wimpern ablösen, und so heule ich halt nicht.

Aber manchmal lösen sie sich trotzdem! Als ich in Orlando bei tropischen Temperaturen und Amazonas-Luftfeuchtigkeit auf das Podium trat, schmolz der Klebstoff einer der Wimpern, und sie begann sich aufzurollen. Bei jedem Wimpernschlag sah ich vor dem einen Auge diese Haare tanzen. Das machte mich so verrückt, dass ich die Wimper kurzerhand packte, abriss und auf die Bühne warf. Hoffentlich hatten die 18.000 Frauen in der Halle das nicht bemerkt ... Fehlanzeige: Sie brüllten vor Begeisterung, und ich riss mir auch noch die andere Wimper ab.

– damit die erste nicht so allein auf dem Fußboden war, wie ich erklärte.

Wenn ich schon dabei bin, meine Vorliebe für das Praktische und nicht das Modische zu betonen, sollte ich vielleicht gleich unser Auto vorstellen. Es ist Bills geliebter 23 Jahre alter Volvo, der ein richtiges Glied unserer Familie geworden ist. Wie ich auch, gewinnt er keinen Schönheitspreis mehr, aber er ist ein guter alter Freund, praktisch und bequem und wir würden ihn niemals abgeben. (Das Letzte stimmt nicht ganz; wir haben ihn zweimal abgegeben, aber wie ein treuer Hund kam er jedes Mal zu uns zurück.)

Also: Bitte schicken Sie mir keine neue Handtasche oder haftsichere Augenwimpern oder einen Notizblock, damit ich mir nichts mehr auf die Hand schreiben muss. Und ich weiß das weinrote Gepäckset, das mir eine Freundin schenkte, nachdem sie meine Reisetasche und meinen treuen, alten, schwarzen Koffer gesehen hatte (den ich mit gelbem Klebeband verziert habe, damit ich ihn an der Gepäckausgabe sofort erkenne), ehrlich zu schätzen, aber hören Sie zu: Ich brauche nichts Neues! Lassen Sie mich einfach mit meinen *alten* Sachen in Ruhe älter werden!

Sie merken es schon: Über die neueste Mode werden Sie in

diesem Kapitel nichts erfahren. Aber dafür kann ich Ihnen etwas anbieten, das Ihr Aussehen noch weit mehr verbessert. Es heißt »Lächeln«. Und da meine Lieblingsgymnastik darin besteht, so richtig schallend zu lachen, bekommen Sie Ihre Fitness-Übungen noch dazu. Wenn wir dazu noch Ihren Glauben etwas liften, werden Sie sich bald nicht mehr wiedererkennen!

Beginnen wir mit den folgenden »bewährten und preiswerten Schönheits-Tipps« von Sam Levenson:

- Sie wollen attraktive Lippen? Reden Sie freundlich.
- Schöne Augen gefällig? Suchen Sie das Gute in Ihren Mitmenschen.
- Sie wollen abnehmen? Teilen Sie Ihre Mahlzeiten mit den Hungernden.
- Schöneres Haar kriegt man, wenn man einmal am Tag ein Kind mit der Hand darüber fahren lässt.
- Ihre Haltung wird besser, wenn Sie wissen, dass Sie nie allein gehen.[1]

Diese Methode, zu mehr Schönheit zu kommen, ist viel besser als die negative (aber *lustige*) Methode, die mir jemand auf einer Karte schickte:

Die Zwei-Schritte-Kur zur Verbesserung Ihres Aussehens:

1. Kaufen Sie sich einen teuren, bodenlangen Mantel.
2. Ziehen Sie ihn nie mehr aus!

Meine Schönheitsphilosophie heißt: Tu dein Bestes und lache über den Rest! Es geht um die rechte Perspektive. Mag sein, dass wir dick, hässlich und total unmodisch aussehen, aber solange unser Humor durchscheint, kommen wir mit dem Rest schon klar.

Ralph

»Ist Ihr Föhn immer noch kaputt?«

WENN WIR ZU GROSS FÜR UNSERE KLEIDER WERDEN

Warum beklagen wir uns so über unsere Proportionen und versuchen, sie schamhaft zu verstecken? Und seit wann ist es nicht mehr schick, mehr als Größe 40 zu tragen? Wie war es einfach, schön zu sein, in jenem goldenen Zeitalter, als man noch von »üppig« und »großzügig« sprach und nicht andauernd von »schmal« und »fest«! Für viele von uns ist es ein echter Trost, dass Marilyn Monroe jedenfalls *nicht* Konfektionsgröße 38 hatte und dass den paar Dutzend Supermodels, die sich auf Größe 36 heruntergehungert haben, *drei Milliarden* Frauen auf unserem Planeten gegenüberstehen, die umfangreicher sind! Vor kurzem stand in der Zeitung zu lesen, dass die Durchschnittsamerikanerin an die 70 Kilo auf die Waage bringt, und nach einer anderen Studie sind 70 Prozent aller Erwachsenen in den USA übergewichtig. Ist es nicht ironisch, dass die Models in den Modemagazinen immer dünner sind, während die meisten Menschen immer dicker werden? Vielleicht liegt Letzteres an den Portionen in den Restaurants. Wie eine Autorin kürzlich bemerkte: »Heute ist aus einem Teller Nudeln ein halber Eimer geworden. ... Bagels erreichen mittlerweile die Größe von Zierkissen.«[2] Eine andere Autorin merkte plötzlich, dass sie zum Frühstück bereits genügend Kalorien für den ganzen Tag zu sich nahm. Nachdem sie einen Muffin von der Größe eines Kuchens und einen »Bagel mit Wachstumshormonen« verputzt hatte, konnte sie nur noch stöhnen: »Gott sei Dank für das Loch in der Mitte!«[3]

Auch die Getränke werden größer. Heute kann man Colaflaschen kaufen, die für einen Kleinbus voller Pfadfinder ausreichen würden, aber für eine Person gedacht sind.

(Apropos Kleinbus: Das Auto der Zukunft, so heißt es, wird uns mit eingebautem Mikrowellenherd, beheizbaren Kaffeetassenhaltern und Müllschlucker verwöhnen, d. h. wir werden unsere Küche überallhin mitnehmen können! Wie soll der Mensch da noch eine Diät halten?)

Was tun? Entweder lernen, trotz allem weniger zu essen, oder nach Afrika ziehen, wo in gewissen Ländern »unter kulturbewussten Menschen die Rundheit einer Frau als Zeichen von Gesundheit, Wohlergehen und Weiblichkeit gilt«. Es kommt vor, dass Teenagermädchen sich einer mehrere Monate langen »Mastkur« unterziehen müssen, deren einziges Ziel darin besteht, dass sie »das traditionelle Kennzeichen weiblicher Schönheit: *Fett«*, ansetzen.[4]

Nach Afrika ziehen kommt für die meisten von uns nicht in Frage. Viele gehen stattdessen zum Schönheitschirurgen. Vor einiger Zeit schickte mir jemand einen schönen Witz: Eine Frau Ende 40 wird mit einem Herzinfarkt ins Krankenhaus eingeliefert. Die Ärzte tun ihr Bestes, aber das Herz bleibt stehen. Die Frau spürt, wie sie durch einen langen, dunklen Tunnel auf ein helles Licht zuschießt. Am Ende des Tunnels hört sie eine Stimme: »Es ist noch nicht so weit für dich. Geh zurück.«

Sie fragt: »Und wann wird es so weit sein?«

Die Stimme antwortet: »Du wirst noch 43 Jahre, acht Monate und sieben Tage leben.«

»O, danke, danke!«, ruft die Frau aus.

Es gelingt den Ärzten in einer dramatischen Aktion, die Frau wiederzubeleben. Sie fragt sie, ob sie gleich noch etwas in der Klinik bleiben kann. »Ich habe noch 43 Jahre zu leben, da muss ich mich schön machen. Rufen Sie die plastischen Chirurgen, ich will, dass *alles* gemacht wird!«

Drei Wochen lang arbeiten die Ärzte an der Frau. Sie liften ihre Augen und Wangen, glätten den Hals, machen den Bauch flacher und den Hintern straffer, saugen das Fett aus den Schenkeln ab – es gibt nichts, was sie nicht machen. Als alles fertig ist, stolziert sie als neue Frau aus dem Krankenhaus hinaus – und wird prompt von einem Krankenwagen überfahren.

Wieder der Tunnel, wieder Gott an seinem Ende. Die Frau sagt empört: »Was soll denn das? Du hattest mir doch gesagt, dass ich noch 43 Jahre, acht Monate und sieben Tage zu leben hätte!«

Gott zuckt die Achseln und sagt: »Ich habe dich halt nicht wiedererkannt!«

Wann wünschen wir uns am meisten, in einen anderen Körper schlüpfen zu können? Klar: wenn wir einen Badeanzug anprobieren. Das Drama wird bestens in dem folgenden kleinen Beitrag von einer leider unbekannten Autorin (die aber mit mir identisch sein könnte) beschrieben:

Ich habe gerade die jährliche Tortur überlebt, die da heißt: »Einen neuen Badeanzug kaufen.« Etliche Generationen lang waren Badeanzüge für Frauen mit einer »vollen Figur« seriöse, praktische Kleidungsstücke, die demonstrierten, dass das Wort »voll« nicht »überlaufend« bedeutete. Diese Badeanzüge hatten Korsagen, Körbchen und diverse strategische Verstärkungen. Sie waren durchdachte Konstruktionen und keine Modemätzchen. In jenen Tagen war ein Badeanzug zum Heben, Halten und Bändigen gedacht, und er schaffte das bestens.

Die heutigen Badeanzüge sind für unterernährte kleine Mädchen mit aus Granit gemeißelter Bleistiftfigur gedacht. Und obwohl diese Traumnymphen nicht wissen, was Schwabbeln ist, ist das supermoderne Material besagter Badeanzüge so straff, dass man damit einen Satelliten in den Weltraum schießen könnte.

Da hat die reifere Frau mit der vollen Figur nur zwei Optionen: Entweder sie besucht ein Umstandsmodengeschäft und probiert ein mit Rüschen besetztes Röckchen-Ungetüm an, in dem sie wie das tanzende Nilpferd aus Walt Disneys *Fantasia* aussieht, oder sie irrt verstört durch die Badeabteilung des Kaufhauses und versucht, etwas Passendes zu finden in einem Sortiment von Kleidungsstücken, die wie Gummibänder in Schockfarben aussehen.

Ich versuchte mein Glück im Kaufhaus. Als ich mich der Anprobe näherte, glaubte ich das Geräusch von Heulen und Zähneknirschen wahrzunehmen. In der Schreckenskammer angelangt, kämpfte ich mich in den Badeanzug hinein. Ich vermisste schmerzlich die helfende Hand einer kräftigen Freundin oder meines Mannes. Als ich endlich die Schulterträger hochzog und in den Spiegel schaute, keuchte ich auf: Wo, um alles in der Welt, waren meine Brüste? Ich entdeckte schließlich die eine in meiner linken Achselhöhle und danach, nach mehreren Minuten Suchen, die zweite flach gepresst am unteren Ende meines Brustbeins.

Weil moderne Badeanzüge keine Körbchen haben, ist die reifere Frau mit der vollen Figur gezwungen, ihre Brüste quer über ihren Brustkasten zu quetschen. Zum Ausgleich ist die Suche nach ihren Hüften und Oberschenkeln im Nu beendet, denn diese quellen aus dem unteren Ende besagten Badeanzugs hervor wie Zahnpasta aus einer Tube, auf die sich jemand gesetzt hat. Ich seufzte tief, gab meinem Balkon seine symmetrische Form zurück und schaute mutig ein zweites Mal in den Spiegel.

Eigentlich passte er perfekt. Nun ja, an den Stellen, die sich brav von ihm einpacken ließen. Der Rest von mir schaute rebellisch oben, unten und an den Seiten heraus wie lauter naseweise Kinder. Ich sah so ähnlich aus wie ein Brotteig mit Strumpfband. Oder wie eine Tischdecke, die man durch einen Serviettenring gezogen hat. ...

Als Nächstes probierte ich eine rosa Kreation an, deren Oberteil wie ein Pastorenkragen mit Hosenträgern aussah. Sie zeigte 90 Prozent meines oberhalb der Taille befindlichen Korpus, und die Beine waren so hoch ausgeschnitten, dass ich dachte: *Um das Ding tragen zu können, musst du deine Augenbrauen enthaaren!*

Endlich fand ich einen Badeanzug, der mir passte. Es war ein schlichter Zweiteiler mit einem shortartigen Höschen und einem rückenfreien Oberteil. Er war erschwinglich, bequem und cellulitisschmeichelnd, und so kaufte ich ihn.

Zu Hause angekommen, las ich das Etikett und erfuhr, warum dieser perfekte Badeanzug für die reifere Frau mit der vollen Figur so lange keine Käuferin gefunden hatte. Da stand: »Material kann in Wasser durchsichtig werden.«

»Wenn ich bloß so jung wäre, wie mein Spiegel denkt!«

Die Geschichte dieser leidgeprüften Schwimmerin erinnerte mich an eine ebenfalls lustige Beschreibung einer anderen von reiferen Frauen gefürchteten Tortur: der Mammographie.

Eine Mammographie ist eine Röntgenaufnahme und heißt so, weil keiner das Wort *Brust* aussprechen will. Bei der Mammographie müssen die Brüste Gymnastik treiben, und wenn Ihre zur superaktiven Sorte gehören, werden Sie wenig Probleme haben. Aber die meisten Brüste hängen natürlich einfach so in der Gegend rum und sind somit auf eine Mammographie überhaupt nicht vorbereitet. Aber dem können Sie abhelfen mit den folgenden einfachen Übungen:

Übung 1: Legen Sie zwei Buchstützen über Nacht in den Gefrierschrank. Platzieren Sie eine Ihrer Brüste zwischen die beiden Buchstützen und knallen darauf diese so fest zusammen wie Sie können. Tun Sie dies drei Mal täglich.

Übung 2: Besorgen Sie sich auf dem Flohmarkt einen alten Fleischwolf. Stecken Sie die Brust in das Gerät und kurbeln Sie, ebenfalls drei Mal am Tag.

Übung 3 (für Fortgeschrittene): Legen Sie sich bequem seitlich auf den Fußboden Ihrer Garage und platzieren Sie eine Ihrer Brüste direkt hinter den hinteren Reifen des Familienautos. Lassen Sie auf Ihr Signal hin Ihren Mann ganz langsam rückwärts fahren. Stehen Sie nach fünf Sekunden wieder auf und wiederholen Sie den Vorgang mit der anderen Brust.[5]

Wenn wir Frauen in der Medizin das Sagen hätten

Lassen Sie mich an dieser Stelle, bevor wir zu anderen Schönheitstipps übergehen, noch eine Brustweisheit weitergeben, die ich von einer klugen Frau hörte. Sie sagte:

Ich habe festgestellt, dass ich in meinem Alter meine Gesichtsfalten schlagartig loswerde, wenn ich keinen Büstenhalter trage.

Sie tragen aber Büstenhalter? Dann müssen Sie aufpassen, dass Sie das richtige Modell erwischen. Das ist ganz einfach:

- Der charismatische Büstenhalter wirkt Wunder.
- Der Heilsarmee-BH erhöht die Gefallenen und Darniederliegenden.
- Der baptistische Büstenhalter macht aus Maulwurfshügeln Berge.

Aber egal, was für einen BH Sie tragen (oder ob Sie überhaupt einen tragen!), die wichtigste Kleidung, die Sie besitzen können, ist die, die der Apostel Paulus in seinem Brief an die Kolosser beschrieben hat:

So zieht nun an als die Auserwählten Gottes, als die Heiligen und Geliebten, herzliches Erbarmen, Freundlichkeit, Demut, Sanftmut, Geduld; und ertrage einer den andern und vergebt euch untereinander ... Über alles aber zieht an die Liebe ...

(Kolosser 3,12-14 Luther)

Eine liebe Freundin schickte mir eine schöne kleine Geschichte über diese Garderobe, die Paulus hier beschreibt, sogar komplett mit Illustrationen, und mit ihrer Erlaubnis gebe ich sie hier in leicht veränderter Form wieder. Ich hoffe, Sie macht Ihnen so viel Freude wie mir.

Der Apostel Paulus listet in seinem Brief an die Christen in Kolossä verschiedene Kleidungsstücke des Heiligen Geistes auf. Als Erstes nennt er herzliches Erbarmen. Herzliches Erbarmen (man nennt es auch Mitleid) – das sind Akte der Anteilnahme gegenüber den Schwachen und Verletzten, die meist dadurch motiviert sind, dass man den gleichen

Schmerz wie der andere verspürt oder jedenfalls sich vorstellen kann. Ich nenne dieses Erbarmen die Unterwäsche in Gottes Garderobe – persönlich und direkt auf der Haut. Es ist das Fundament für alles, was außen geschieht.

Als Zweites nennt Paulus die Freundlichkeit – ein warmherziges Verhalten, das so einfach wie ein Lächeln sein kann. Aber Freundlichkeit ist noch mehr. Sie bedeutet, dass ich dem anderen mit Ehrerbietung begegne. Diese Einstellung ist etwas für den Alltag, wie ein Paar bequeme Schuhe. Nichts Hochelegantes, sondern praktisch und bequem.

Das Nächste ist die Demut. Egal, wie viel wir im Leben gewinnen oder verlieren, Gott hüllt uns in den Umhang seiner Gnade ein. Wenn wir gedemütigt werden, liebt er uns gerade so, wie wir sind. Und wenn wir im Rampenlicht stehen, wissen wir, wie viel von unserem Erfolg wir ihm verdanken.

Die Sanftmut ist eines meiner Lieblingskleider. Manche halten sie für nichtssagend. Ich nicht. Sanftmut versetzt uns in die Lage, schwierige Umstände und schlechte Behandlung zu ertragen. Sie ist strapazierfähig und besteht aus interessanten Stoffen. Und sie sieht bei jedem anders aus!

Und die Geduld? Manchmal wünsche ich mir, dass dieses alte Ding vollends verschleißt, damit ich etwas Schickeres anziehen kann. Aber ich weiß, dass Gott auch mit der Geduld mein Leben reicher machen will. Es gibt Gelegenheiten, da ist die Geduld das einzig Passende zum Anziehen – und dann bin ich froh, dass ich sie im Kleiderschrank habe.

Den anderen ertragen und ihm vergeben – das sind die Regenmäntel Gottes, die wetterfesten Sachen, die wir über alles andere ziehen, bevor wir in die Welt hinausgehen. Ohne sie würden wir erbärmlich frieren. Sie schützen uns vor den Elementen. Wenn der Wind besonders kalt wird, knöpfen wir sie noch mehr zu und gehen tapfer weiter.

Aber über alles, sagt Paulus, zieht die Liebe an. Ohne Liebe fehlt das I-Tüpfelchen in Christi Garderobe. Stelle dir die Liebe als deinen schönsten Hut oder deine Lieblingsbrosche vor. Sie ist das Accessoire, das du nie zu Hause lassen solltest. Gehe nie ohne Liebe aus![6]

Ich habe eine tolle Diät.
Man darf essen, was man will,
aber nur in Gegenwart lauter fetter Nackter.

Der zweite Tag einer Diät ist immer einfacher als der erste.
Bis zum zweiten Tag hat man sie schon abgebrochen.

Ein Pastor besuchte eine ältere Frau aus seiner Gemeinde. Auf dem Couchtisch stand eine große Schüssel mit Erdnüssen. »Darf ich mir ein paar nehmen?«, fragte er. »Aber gerne«, erwiderte die Frau.

Sie unterhielten sich vielleicht eine Stunde, und als der Pastor aufstand, um zu gehen, merkte er, dass er nicht nur ein paar Erdnüsse, sondern fast die ganze Schüssel voll verputzt hatte. »Sie, das tut mir aber Leid«, sagte er. »Ich wollte wirklich nur ein paar essen.«

»Das ist schon recht«, antwortete die Frau. »Seit ich keine Zähne mehr hab, kann ich ja nur noch die Schokolade von den Nüssen lecken.«

Na schön, das Leben ist eine Mausefalle.
Aber etwas mehr Käse wäre nicht schlecht.

Erstaunlich! Da hängt man etwas in seinen Kleiderschrank, und nach ein paar Jahren ist es zwei Nummern kleiner geworden.

Alle jammern, dass das Leben so teuer sei,
aber sterben will keiner.

Ich habe eine 50 Jahre alte Freundin, die allen erzählt, dass sie 60 ist – weil sie für 60 toll aussieht und für 50 grauenhaft!

Schönheitstipp: Beim Verlassen der Toilette sollte eine Dame niemals ihr Kleid in die Unterwäsche stopfen. Ist Ihnen dies trotzdem passiert, können Sie Ihren Fehler an dem Kichern der Passanten auf der Straße bemerken. Ein zweites Symptom ist der Luftzug an der Rückseite der Oberschenkel.

Lass die Schönheit, die du liebst, das sein, was du tust.
Es gibt hundert Arten, niederzuknien und den Boden
zu küssen.
Gedicht aus dem 13. Jahrhundert

Das griechische Wort für Schokolade ist *theobroma,*
was wörtlich »Speise der Götter« bedeutet.

Wenn wir das sind, was wir essen,
dann bin ich schnell, einfach und billig.

Eine ausgewogene Diät ist ein Stück Kuchen
in jeder Hand.

Eine Grußkarte, die wir wohl nie kriegen werden:
Gratuliere zur Blasenoperation!
Anbei Blumen und eine Startpackung Pampers.

Es gibt zwei Sorten von Frauen, die wild auf einen Make-up-Spiegel mit Vergrößerungseffekt sind. Die erste Sorte sind junge Fotomodelle, bei denen es auf jedes Wimpernhaar ankommt. Die zweite sind die Frauen, die ohne ihre Brille ihr Gesicht nicht mehr finden.

Wie manche Männer die Jahreszeiten der Frau beschreiben:
Erst kommt die Knospe des Mädchens,
dann die Blüte der Frau,
und zum Schluss fallen ihnen die welken Blätter aus dem Hirn.

Die einfachste Methode, Gewicht zu verlieren, ist, es als Fluggepäck aufzugeben.[7]

Wenn ich einen Schönheitssalon hätte,
würde ich ihn »Nur Sterben ist schöner« nennen.

Eine Telefonansage, die ich hoffentlich nie hören werde: »Guten Tag, Sie haben die Nummer der Inkontinenz-Hotline gewählt. Leider sind wir gerade alle besetzt. Haben Sie einen Augenblick Geduld.«

Medizin einmal anders
Autoinfektion: Rostschäden am Auto
Bakterie: Schnellbäcker mit Kaffeeausschank
Digitalis: Computerspiele-Sucht
Dilatator: Hobby-Musiker
EKG: Evangelisches Kirchengesangbuch
Gastroskopie: Kneipenbummel
Mikrogenie: kleinwüchsiger Einstein
Zöliakie: Heiratsverbot für katholische Geistliche

Meine Schwester und ich kauften beide zur gleichen Zeit einen weißen Imitatpelzmantel zum Sonderpreis. Seitdem schweigen die Leute immer so eisig, wenn sie uns sehen.

Es gibt viele Frauen wie mich, die hin und wieder daran denken, sich liften zu lassen, aber wir bleiben dabei: Meine Falten will ich behalten.

In Dallas sah ich viele Frauen, die T-Shirts trugen, die sie als SHEEP (Schafe) von der Lebensbaum-Gemeinde in Garland (Texas) identifizierten. Man erklärte mir, dass die Abkürzung für Schwestern stand, die einander helfen, ermutigen, miteinander essen und beten. Die Gruppe wäre etwas für mich; das mit dem Essen schaffe ich doch glatt.

Die von ihm Hilfe erhoffen, werden vor Freude strahlen.
(Psalm 34,6)

WIR HABEN MIT NICHTS ANGEFANGEN, UND DAS MEISTE DAVON HABEN WIR NOCH

Oder: Messie werden ist nicht schwer

Wie so viele Paare, deren flügge Kinder das Nest verlassen haben, merkten Bill und ich eines schönen Tages, dass es wohl Zeit war, dass wir uns »verkleinerten«. Wir brauchten kein Haus mehr, in dem wir beide plus vier Söhne Platz hatten.

Dann hörte ich, dass es etwa 40 Kilometer entfernt einen schönen Wohnwagenpark gab, in dem lauter mittelalte bis ältere Paare wohnten. Nein, nicht Campingplatz, sondern Wohnwagenpark, und die »Wohnwagen« sind zum permanenten Wohnen gedacht und so groß, dass man einen halben Sattelschlepper braucht, um sie zu bewegen. (Sie merken schon: Amerika ...) Bill wimmelte ab: »In so 'ne Kiste ziehe ich nie!« Aber was ich über den Park gehört hatte, klang so fantastisch, dass ich so lange quengelte, bis Bill sich schließlich zu einem Besuch auf dem Rückweg vom Sonntagsgottesdienst bereit erklärte, »aber nur kurz, da ziehen wir ja doch nicht hin«.

Der Besuchstag kam. Wir fuhren durch das Eingangstor und sahen einen herrlichen Teich vor uns, komplett mit Fontänen und Enten. Zwischen den Häusern liefen richtige kleine Straßen mit Vorgärten. Ein Vertreter zeigte uns eines der Modelle – und eine halbe Stunde später hatten wir unser neues Haus gekauft! Und Bill – wollte gar nicht mehr weg. Er kaufte auf der Stelle ein Klappbett und einen Fernseher und zog ein. »Von hier aus bin ich schneller im Büro, und ohne mich alten Trottel kannst du viel besser packen und unser altes Haus verkaufen.« Schwimmbad und Jacuzzi nur ein paar Schritte entfernt – da konnte mein Mann nicht widerstehen.

Wir kauften unsere neue Bleibe im Mai, und im September hatte ich unser altes Haus in West Covina verkauft und konnte zu meinem Bill in den »Wohnwagen« ziehen. Es war nicht leicht, das Haus zu verlassen, in dem wir 30 Jahre gewohnt und Freud und Leid geteilt hatten. Ja, auch Leid: Bills Unfall, der Tod von zwei unserer vier Söhne und der zornige Auszug des dritten, nachdem wir uns über seinen homosexuellen Lebensstil gestritten hatten.

Ja, es kann ein traumatisches Erlebnis sein, so ein Umzug im Alter. Aber ich wollte nicht eine jener Frauen werden, die sich so verbissen an ihren vier Wänden festhalten, dass die Kinder darüber verrückt werden. Wir kannten schon zu viele dieser uneinsichtigen Alten, die auch dann noch in ihrem alten Haus bleiben, wenn das Dach leckt oder sie nicht mehr die Treppe hochsteigen können. Wir wollten unser Alter genießen können, ohne darüber grübeln zu müssen, wer uns das nächste Mal den Rasen mäht. Heute, über zwanzig Jahre später, haben wir unseren Umzug immer noch nicht bereut. Wir lieben unseren »Wohnwagenpark«. Ganz in der Nähe ist ein schönes Freizeitzentrum, die Nachbarn sind freundlich und wir haben fast keine Arbeit mit unserem Haus.

Aber der Umzug, er war ein Stück Lebensschule. Ich begreife nicht, wie manche Familien (etwa im Militär oder die von der »Aufsteiger«-Sorte) alle paar Jahre umziehen können, und hoffe inständig, dass der Umzug damals mein letzter war. Wenn ich noch einmal umziehe, dann bitte gleich in den Himmel oder in die Alzheimerpension am Ende der Straße, und selber Kisten schleppen werde ich dann jedenfalls nicht mehr.

Ich fand, dass ich bei unserem Umzug die schwierigsten Aufgaben bekommen hatte; Bill fand natürlich, dass *er* der Dumme war. Ich hatte unser altes Haus für Käuferbesuche tipptopp sauber zu halten und den Papierkrieg zu erledigen; Bill hatte 13 Autoladungen diverser Sachen von West Covina nach La Habra zu schaffen. Ich fand Bills Job nicht besonders schwer; wenn *ich* ihn gehabt hätte, ich hätte einfach die Kleider, Bücher und all das Zeug zum Auto getragen, hineingestopft, die Türen geschlossen und am Ziel alles auf einen großen Haufen ausgeleert. Aber Bill, der präzise Herr Ingenieur, musste natürlich jedes Teil sorgfältig verpacken, sortieren, beschriften und in dem neuen Haus an exakt der richtigen Stelle abladen. Eigentlich ist es ein Wunder, dass wir nicht immer noch beim Umziehen sind, bei seinem Tempo!

Aber dafür fand ich, als ich endlich einzog, die perfekte Ordnung vor. Alle Schubladen mit maßgeschneidertem (damit es keine Wellen gab) Einlegepapier ausgelegt, sämtliche Gegenstände genau da, wo sie hingehörten. Das blieb natürlich nicht lange so, als ich dann da war, aber am ersten Tag sah es echt nett aus.

Ich bin – nun, »unordentlich« würde ich nicht sagen, aber ich bin nicht fanatisch, wenn es um Hausarbeit geht. Meine Devise ist: Warum etwas irgendwo verstauen, wenn man es in ein, zwei Tagen sowieso wieder brauchen wird? Und wenn ich beim Hausputz bin, lasse ich mich von jeder Kleinigkeit ablenken. Da liegt eine Illustrierte mit einem interessanten Artikel, und ich setze mich, um ihn zu überfliegen – bis mein Auge auf den Brief auf dem Schreibtisch fällt. Von wem mag der sein? Ich trage ihn in die Küche, wo das Licht besser ist und ich den Mokkakuchen sehe, von dem wir uns zum Frühstück ein Stück genehmigt hatten. Die Schnittkante sieht schief aus, und so schneide ich ein Stück ab (das ich natürlich esse), damit der Kuchen wieder gerade ist. Sehen Sie, was ich meine?

Oder ich säubere die Badewanne und sehe das Badeöl, das eine Freundin mir geschenkt hat. Wie das wohl riecht? Und ehe ich mich's versehe, liege ich in meinem Schaumbad! Und wenn ich wirklich einmal längere Zeit bei einer Arbeit bleibe, versuche ich meistens, sie mir zu versüßen. Zum Beispiel mit lustigen Liedchen oder selbst gemachten Gedichten wie dem folgenden:

Alle meine Milben
tanzen in dem Staub.
Komm ich mit dem Sauger,
geh'n sie alle drauf ...

Ich scheine nicht die Einzige zu sein, die beim Hausputz auf eine nichtproduktive Art kreativ wird. Vor kurzem sah ich die folgenden lustigen Definitionen, die von mir stammen könnten:

FRUST (m.) – Der kleine Rest Dreck, der partout nicht aufs Kehrblech will, bis man ihn nach dem zehnten Versuch entnervt unter den Teppich kehrt.

GEDULDSFADEN (m.) – Das Phänomen, beim Staubsaugen mindestens ein Dutzend Mal über denselben Faden zu fahren, ihn aufzuheben, zu betrachten und wieder hinzulegen, um dem Staubsauger noch eine Chance zu geben.

Aber egal, wie albern ich werde, es ist immer noch *Arbeit*, das Chaos um mich herum zu beherrschen. Ich kann es gut verstehen, das Astronautenehepaar am Anfang des Films *Apollo 13*. Sie haben gerade eine wilde Party gegeben und sitzen jetzt in dem Müllhaufen, den die Gäste hinterlassen haben, im Garten und schauen zum Mond hoch. »Das Aufräumen pack ich nicht«, stöhnt die Frau, in einen Liegestuhl fallend. »Komm, wir verkaufen das Haus.« Worauf ihr Mann ungerührt antwortet: »Okay.«

Einer der Vorteile des Umziehens ist die Freiheit, die es einem eröffnet: Will ich all das Zeug mitnehmen oder will ich es an Freunde verschenken bzw. in meiner Garage einen kleinen Flohmarkt veranstalten? Manche schaffen das Zweite erst nach einer Spezialseelsorge beim Messie-Berater. Seine Schätze abgeben, damit man wieder frei atmen kann, ist nicht immer einfach. Die Organisierbehinderten unter uns finden ja ein zünftiges Durcheinander gemütlich und Ordnung neurotisch.

Eine Frau vertraute mir kürzlich an, dass sie ihren inneren Chaoshund endlich besiegt und eine Aufräumaktion begonnen habe, die in der »Mutter aller Hausflohmärkte« mündete. Diese Frau warf sämtlichen Krims- und Nippeskrams aus dem Haus, trennte sich von all den Extra-Betttüchern und -Tischdecken und spürte systematisch sämtliche Spielsachen auf, die ihre Kinder vor vielen Jahren in die Wandschränke befördert und vergessen hatten. Sie hatte sogar den Dachboden ausgeräumt und von den hässlichen Möbeln aus den 50er-Jahren befreit, die einmal ihrer Mutter gehört hatten und die für das Sommerhäuschen gedacht gewesen waren, von dem sie und ihr Mann geträumt hatten, als die Kinder noch klein waren. Sie hatte noch nie etwas übrig gehabt für das Sofa aus orangenem Vinyl und den Couchtisch mit Resopalplatte.

Also hinaus damit in den Vorgarten und das Ganze für ein paar Groschen verkauft! Und dann kam der »Trends-und-Themen«-Teil der Sonntagszeitung, der in großen Lettern verkündete:

»Möbel: Die Fünfziger sind wieder da.« Sie las den Artikel bis zu dem Satz, der da lautete: »Es hat allerdings seinen Preis, das elegante Sofa aus orangenem Vinyl: Unter 2.000 Dollar läuft nichts – *wenn* Ihr Antiquitätenhändler denn eins hat. Fast genauso viel zahlen Sie für den so selten gewordenen klassisch-eleganten Couchtisch mit Resopalplatte.«

»Trottel! Die Lampe haben wir letztes Jahr für drei Dollar verkauft!«

VOLL DURCHORGANISIERT

Manchen von uns fällt die Trennung von ihrem Kram so schwer wie die von einem siamesischen Zwilling. Mal ehrlich: Ohne Hilfe geht es nicht. Es ist ja so beruhigend, all die alten Zeitschriften, zu eng gewordenen Kleider und Zierdeckchen in der Nähe zu haben, für den Fall, dass wir auf einmal Zeit zum Lesen haben, 50 Pfund abnehmen oder eine freie Stelle auf einem Tisch finden. Ich lebe heute nicht mehr so. Bis auf mein »Freudenzimmer«, das voll ist von allem möglichen lieben Schnickschnack, den die Leute mir geschenkt haben, ist mein Haus gut durchorganisiert, und das habe ich Bill zu verdanken. Die Sache hat natürlich ihre Kehrseite: Ohne seine Hilfe kann ich nichts finden. Sobald ich etwas hinlege, nimmt er es und »legt es weg«. Wenn ich in der Küche eine Milch trinken will, muss ich das Glas in der Hand behalten, während ich den Kühlschrank öffne, um die Milch herauszuholen, sonst hat Bill es schon wieder weggetan!

Wenn ich nicht mit dem ordentlichsten aller Ehemänner verheiratet wäre (möglicherweise der einzige in der Welt, der seine Socken zusammen*klammert*, bevor er sie in die Schmutzwäsche legt), läge das Ambiente unseres Hauses eher irgendwo in der Mitte zwischen Chaos und Durcheinander.

Aber Bills Ordnungssinn hilft mir, den Überblick über mich und all mein Zeug zu behalten. Ohne ihn wäre ich verloren. Echt. Nein, nicht weil ich schlampig wäre, sondern meine Sachen, sie *verschwinden* einfach. Ich brauche mich nur umzudrehen, und weg sind sie, meine Brille, meine Handtasche, die Schlüssel und die Zettel mit den Telefonnummern. Irgendwann wird sich die UFO-Liga darum kümmern müssen.

»Das ist, damit deine Socken bei der Wäsche zusammenbleiben.«

Ja, ich bin die geborene *Verliererin*, aber zum Glück habe ich, wie das so oft geschieht, mein Gegenstück geheiratet: einen *Finder*. Vor ein paar Jahren schnitt ich einen Artikel aus, in dem ein Finder beschreibt, wie das ist, mit einem Verlierer zusammenzuleben. Vor allem ein Abschnitt hat mir die Augen dafür geöffnet, was Bill mit mir durchmachen muss, und der letzte Satz darin ist mir ein ständiger Ansporn zur Besserung. Der Autor schrieb: »Eines muss ich den meisten Verlierern, die ich kenne, lassen: Sie sind Optimisten. Wenn sie etwas gerade nicht finden können, dann ist es natürlich nicht *weg,* sondern es versteckt sich bloß und wird schon von alleine wieder auftauchen. Und während ich Schränke und Schubladen durchwühle, erinnert ihre perplexe Unschuldsmiene mich daran, wie viele Morde zu Hause begangen werden.«[1]

MIT FREUDE EINRICHTEN

Egal, ob Sie Ihr Haus nach der Chaos-Methode führen oder selbst die Staubflusen unter dem Bett schön gerade liegen müssen – das wichtigste Möbel in Ihrem Heim heißt *Freude*. Was für ein Segen, in eine Wohnung zu treten, in der einen Lachen und Liebe empfängt. Doch, auch ich habe versucht, unsere Wohnung geschmackvoll einzurichten, aber das Wichtigste ist, dass ich in ihr Dinge sehe, die ein Lächeln auf mein Gesicht bringen und mir das Herz warm machen.

Ich staune immer wieder, was die Leute alles anstellen, um ihrem Heim genau das richtige Ambiente zu geben. Wenn im Wassernapf des Hundes eine Zitronenscheibe schwimmt und sämtliche Servietten zu Rosen gefaltet sind, während die Handtücher und Waschlappen Schwäne ergeben, dann ist man sehr wahrscheinlich in der Wohnung einer Ambiente-Fanatikerin gelandet.

Vor einigen Jahren verfasste ein unbekannter Autor eine Martha-Stewart-Parodie, die diese Ambientitis sehr schön aufs Korn nimmt. Als sie im Internet die Runde machte, schickten mir mindestens ein Dutzend Freunde, die *mein* Ambiente kennen, eine Kopie davon. Wirklich lustig wurde es aber erst später, als ein anderer Unbekannter eine ebenfalls fiktive Antwort verfasste; in dieser Version handelt es sich um eine Korrespondenz zwischen Martha Stewart und der Humoristin Erma Bombeck:

Liebe Erma,

mit diesem reizenden Brief, den ich auf selbstgemachtem Papier schreibe, möchte ich dir berichten, womit ich meine Tage fülle. Nachdem es gestern Abend schneite, stand ich früh auf und bastelte aus Altholz einen schönen Schlitten. Ich bemalte ihn mit Blattgoldfarbe, worauf ich meinen Webstuhl hervorholte und eine pfirsich- und malvenfarbene Schlittendecke fertigte. Als I-Tüpfelchen bastelte ich rasch aus etwas DNS, das ich in meiner Krabbelkiste fand, ein weißes Pferd, das den Schlitten zieht.

Jetzt war es aber wirklich Zeit, die Platzdeckchen und Servietten für meine zwanzig Frühstücksgäste zu nähen. Es wird mein altbewährtes Zwölf-Gänge-Frühstück geben, aber ein klitzekleines Geheimnis muss ich dir verraten: Für die Anfertigung des Tisches und der Stühle hatte ich heute Morgen keine Zeit, so dass ich die alten benutzen werde.

Bevor ich den Tisch ins Esszimmer schob, beschloss ich, noch ein klein wenig Festtags-Atmosphäre zu schaffen, und malte die Wände dezent rosa, mit kleinen Goldsternen an der Decke. Während der Brotteig ging, holte ich meine echt antiken Gussformen hervor und fertigte die Teller und Tassen – aus ungarischem Ton, den man in fast jedem ungarischen Bastelgeschäft bekommt.

Aber jetzt muss ich mich beeilen. Ich muss noch die Knopflöcher an dem Kleid, das ich zum Frühstück tragen werde, fertig bekommen. Danach muss ich, wenn der Klebstoff auf dem Briefumschlag, den ich gleich basteln werde, getrocknet ist, diese Zeilen zur Post fahren. Ich hoffe, die Frühstücksgäste bleiben nicht so lange. Ich muss ja noch die vierzigtausend Preiselbeeren mit Lorbeeren zu Girlanden flechten, für meinen Vortrag heute Mittag. Das Leben ist schön!

Alles Liebe, Martha

P.S. Für das Farbband für diese Schreibmaschine habe ich 3,1 Millimeter breite Goldgaze genommen, die ich in eine Mischung aus weißen Weintrauben und Brombeeren tauchte, die ich vergangene Woche so nebenbei gezüchtet, geerntet und ausgepresst hatte.

Liebe Martha,

ich schreibe dies auf der Rückseite einer alten Einkaufsliste. Mach dir nichts aus den Kaffeeflecken. Ich habe heute Morgen schon zwanzig Minuten Verspätung. Mit der einen Hand mache ich gerade das Pausenbrot für meine Tochter, mit der anderen halte ich den Telefonhörer, um mit dem städtischen Hundezwinger zu verhandeln. Sie haben Bello wieder mal einkassiert. Gestern Abend hab ich mir den Arm an dem Lockenstab verbrannt, als ich mir diese hübschen kleinen Löckchen machen wollte.

Habe immer noch nicht die Schere gefunden, um ein paar Papierblumen auszuschneiden. Hab's mit einer alten Rasierklinge versucht und prompt die Tischdecke zerschnitten; dafür hat sie jetzt nicht mehr diese blöden Unebenheiten, an denen die Wassergläser immer umgekippt sind.

Das mit den Preiselbeeren hab ich versucht, aber als ich sie auftaute, sind sie prompt zu Brei geworden. Und hier noch ein Tipp: Wenn du Pfannkuchen mit Schokolade machst, tu die Schokolade nach dem Backen dazu, sonst sagen die Kinder, die Dinger sind Kuhfladen.

Muss aufhören, der Rauchmelder tutet.

Alles Liebe, Erma

Sie machen aber Ihr Briefpapier, Ihr Geschirr und Ihre Preiselbeergirlanden nicht selber? Freuen Sie sich! Das heißt, dass Sie mehr Zeit haben, albern zu sein und Ihre Freude mit anderen zu teilen.

REKORDVERDÄCHTIG

Es ist unglaublich, wie manche Leute sich anstrengen, um ihrem Heim das gewisse Etwas zu geben. Eine Freundin in Florida hat einen zwölf Meter hohen künstlichen Baum im Innenhof ihrer Villa. Der Baum hat 25.000 Seidenblätter, die alle einzeln von Hand angeklebt sind.

Oder nehmen wir die vielen fleißigen Hände in Amerika, die zur Jahrtausendwende ihre »Millennium-Tagesdecken« anfertigten. Jede dieser Decken besteht aus exakt zweitausend winzigen Stoffstücken, die sorgfältig zusammengenäht sind. Bei einigen dieser Jahrtausenddecken soll jedes der zweitausend Stücke aus einem anderen Stoff sein – man stelle sich das vor!

Aber nicht nur in den Privathäusern findet man Rekordverdächtiges. Vor einiger Zeit sah ich in der Zeitung ein Bild, das eine riesige Nachbildung des Meeresungeheuers Godzilla in der Lobby eines Hotels in Tokio zeigte. Das drei Meter hohe Monster, eine Kreation der Hotelküche, bestand aus 14.000 Brotstücken!

Eine andere Kreation aus Gegenständen des Alltags findet man in der Gepäckausgabe des Flughafens Sacramento in Kalifornien. Als wir letztes Jahr dort ankamen, stand neben »unserem«

Gepäckkarussell ein riesiger Turm aus Gepäckstücken. Weiter weg war noch einer und noch einer! Lauter Türme aus Koffern und Taschen.

Da in der Mitte dieses Turms, war das nicht mein Koffer? Ich trat näher und sah, dass die Koffer – alte und neue, in sämtlichen Größen und Farben – aneinander geklebt waren. Die Stapel reichten buchstäblich vom Fußboden bis zur Decke, und entweder sollten sie die Decke abstützen oder es war – ja, Kofferkunst ...

HIGH-TECH-TRÄUME

Gut, dass nicht alle von uns Berge von altbackenem Brot oder ausgedienten Koffern brauchen, um etwas aus ihrem Heim zu machen. Manchmal sind es die einfachsten Dinge, die Familie und Gästen am meisten bedeuten. Wie in jenem Zeitungsartikel, der verriet, dass »eine der größten Ängste der amerikanischen Durchschnittsfamilie« die ist, dass das Toilettenpapier ausgeht.[2] Allerhand, wie viel Familienängste man mit genügend Klopapier wegwischen kann. Nicht lange danach schickte mir jemand einen anderen Artikel, der berichtete, dass russische Wissenschaftler dabei seien, Bakterien zu entwickeln, die schmutzige Astronautenunterwäsche schlicht auffressen.[3] Wäre das nicht toll? Waschküche ade ...

Aber es gibt noch mehr neue Erfindungen, die das Leben im trauten Heim leichter zu machen versprechen. So gibt es für die gestresste Blumenliebhaberin, deren Pflanzen alle eingehen (meine gehen meist schon auf dem Weg von der Gärtnerei nach Hause ein), einen neuen elektronischen »Pflanzenbabysitter«, der bis zu dreißig Pflanzen gleichzeitig pflegen kann. Das Ding kostet 130 Dollar und sieht wie ein Riesentintenfisch aus; vielleicht sind Seidenblumen doch sinnvoller.

Oder wie wäre es mit der neuen Küchenspüle, die von unten beheizbar ist, so dass man in ihr nicht nur abwaschen, sondern auch kochen kann?[4] Klingt mir, ehrlich gesagt, nicht sehr appetitlich; aber ich gehe sowieso nur noch in die Küche, um Staub zu wischen, also was soll's.

Da reizt es mich schon mehr, dass wir künftig beim Schlafengehen mit unserem Wecker *sprechen* und ihm sagen können, was er wann an- oder auszuschalten hat und unter welchen Umständen er uns wann wecken soll (»Wenn die Straßen verstopft sind, weck mich eine halbe Stunde früher; wenn der Hund wieder im Mülleimer sitzt, wecke Billy, egal, wie früh es ist; wenn es schneit, wecke Ted, damit er schon mal Schnee fegen kann.«) Ach ja, und die Merkzettel, die man mit Magneten an den Kühlschrank heftet, sie werden auch sprechen lernen (»Janie, wenn es gerade vier Uhr ist, wenn du dies liest, bist du am falschen Ort – du hast jetzt deinen Klavierunterricht«). Diese Idee erinnert mich an den Spruch, den ein Witzbold auf seinen Anrufbeantworter sprach: »Hallo! Mein Anrufbeantworter ist gerade defekt, dies ist mein Kühlschrank. Bitte sprechen Sie ganz langsam, damit ich Ihre Botschaft mit einem Magneten an mir befestigen kann.«

Künftig könnte es sogar möglich werden, den Anrufbeantworter mit dem Badezimmerspiegel zu koppeln. (Was willst du um 6 Uhr morgens sehen, Barbara – dein Gesicht oder die Erinnerung an deinen Zahnarzttermin?) Selbst unsere Abfalleimer werden high-tech sein; sie werden unseren Abfall sortieren und gleich den nächsten Einkaufszettel zusammenstellen. Und während wir im Land der Träume weilen, wird ein radargesteuerter Staubsaugerroboter lautlos durch die Wohnung gleiten und Brötchenkrümel und Katzenhaare entsorgen.[5]

LACH-PARADE

»He, ich brauch ein paar Freiwillige zum Aufräumen!«

Während wir darauf warten, dass unser Kaufhaus diese ultimativen Haushaltshelfer im Sonderangebot hat, hier zum besseren Zeitvertreib ein paar Tipps für die prosaische Gegenwart (damit keiner denkt, dass ich in der Küche *ganz* hilflos bin):

- Der ideale Nachtisch für Küchenmuffel: Einzeln verpackte Eiskremriegel, in einem Eiseimer und mit einem großen Teller Plätzchen serviert.[6]
- Unfehlbare Methode zur Verhinderung von Irrenhausaufenthalten beim Suchen des Endes der Gefriertütenrolle: Bewahren Sie die Rolle im Kühlschrank auf. (Warum das meistens klappt, weiß ich nicht.)[7]

Als unsere Jungen noch klein waren, verzierten wir die Decken ihrer Zimmer mit jenen Leuchtsternen, die tagsüber kaum sichtbar sind, aber im Dunkeln sanft leuchten. Als Tim das erste Mal bei einem Freund übernachtet hatte, kam er mit einer neuen Wertschätzung meiner raumausstatterischen Fähigkeiten zurück. »Mama«, sagte er, »bei denen ist es gar nicht schön. Die haben noch nicht mal Sterne an der Decke.«

Als wir kürzlich in Memphis waren, bekamen wir eine ganz neue Ambiente-Perspektive, als unsere Gastgeberin uns nach Graceland, dem Anwesen von Elvis Presley, kutschierte. Wir hatten schon viel gehört über die extravagante Residenz von »King Elvis«, und wir wurden nicht enttäuscht. Das »Dschungelzimmer« zum Beispiel hatte nicht nur den grünen Plüschteppichboden, der in den 1970er-Jahren so beliebt war, sondern auch einen bis zur Decke reichenden Wasserfall aus Stein und massive Sitzmöbel mit reich geschnitzten Seitenlehnen und Fellimitatbezügen. Jedes Stück sah so aus, als ob es eine Tonne wog. Der riesige Couchtisch bestand aus einer einzigen Baumscheibe, und die knorrigen Füße und Kanten waren so bearbeitet, dass es aussah, als ob der Tisch tausend Jahre alt sei.

Die Treppe zum Untergeschoss war ganz von Spiegeln eingefasst, was eine solche Illusion eines unendlichen Raumes ergab, dass die Führer Gästen, die leicht schwindlig wurden oder Probleme mit den Augen hatten, rieten, diesen Teil der Führung auszulassen. In einem der Untergeschossräume standen auf einer Theke nebeneinander drei Fernseher, und der Billardraum war mit fast vierhundert Metern Baumwollstoff ausgelegt, mit einem geometrischen Muster, das so lebhaft war, dass meine Augen schmerzten.

Sie war unglaublich, Elvis Presleys Villa. Viele der Touristen schienen die von Zimmer zu Zimmer immer extravaganter werdenden Einrichtungsideen nicht recht ernst zu nehmen. Aber was mir eigentlich im Gedächtnis hängen geblieben ist, waren die Geschichten, die die Fremdenführer uns über den Spaß erzählten, den Elvis in diesem Haus gehabt hatte. Etwa die ausgelassenen spätabendlichen Improvisationssitzungen mit Jazzmusikern. Die Schneeballschlachten zwischen Elvis und seiner Tochter. Die Streiche, die er seinen Freunden spielte. In dem Raum, wo seine Goldenen und Platinschallplatten ausgestellt waren, erzählte man uns, dass man mit allen verkauften Elvis-Scheiben ein Band um die ganze Erde legen könne. Aber noch mehr packte mich die Vorstellung, wie der »King« an seinem geliebten schlichten Klavier saß und die alten Gospellieder spielte und sang, die er als Junge gelernt hatte.

Unsere Köpfe dröhnten, als wir Elvis' Villa wieder verließen. Aber dann erinnerte ich mich auf einmal an eine Reklametafel zu Hause in Kalifornien, die Werbung für einen christlichen Buchladen machte. Dort hieß es: »Graceland – wo der KING *wirklich* wohnt!« *Graceland* heißt »Land der Gnade«. Elvis' Villa, sie war beeindruckend, aber Christen wissen, wer der *wirkliche* König ist!

»Hol mir die Telefonnummer der Idioten, die die Isolierverkleidung angebracht haben!«

DAS LEBENSHAUS SCHMÜCKEN

So wie wir unsere Wohnungen einrichten, um es schöner zu haben, gestalten wir auch unser Leben, um Freunde zu bekommen. Eine Briefschreiberin erzählte mir, dass sie ihr ganzes Haus mit Regenbogen, dem Symbol der Hoffnung, geschmückt habe. Regenbogen prangten in der Küche, in den Schlafzimmern, auf Fußmatten, Jalousien, Briefpapier, Kühlschrankmagneten und Grußkarten. Und ihr Leben habe sie mit Hoffnung geschmückt.

Eine andere Schreiberin hatte nach einer Scheidung ihr Haus verloren. Ihre Tochter half ihr, darüber hinwegzukommen, indem sie sagte: »Das macht nichts, Mama. Jesus hat ja im Himmel eine Wohnung für dich bereit.«

Was diese Tochter sagte, war auch der Tenor eines Briefes von einer anderen Mutter, die viel mitgemacht und ein gebrochenes Herz hatte. Und trotzdem konnte sie sich entscheiden, wie sie im Hier und Jetzt leben wollte. Sie schrieb: »Danke, Barbara, dass du mir gezeigt hast, dass ich eine Wahl habe: entweder in meiner Grube zu bleiben oder hinauszuklettern und meine Arme zu Gott auszubreiten und ihn durch mich wirken zu lassen.«

Diese Wahl haben wir alle, jeden Tag neu.

Unsere Tage sind wie Koffer, die alle gleich groß sind. Aber manche Leute kriegen mehr hinein als andere.[8]

Wenn ich an die Gepäckkunstwerke im Flughafen Sacramento denke, kommt mir eine Zeile aus dem Brief einer Freundin in den Sinn. Sie beschrieb meine Bücher als »große Koffer voller guter Dinge, bleibender Dinge, lustiger Dinge, aber vor allem HOFFNUNG!« Was für ein wunderbares Kompliment!

Ein älterer Zimmermann wollte nach vielen Jahren Qualitätsarbeit für seinen Chef, einen Bauunternehmer, in den wohlverdienten Ruhestand gehen. Er eröffnete seinem Chef seinen Plan, sich künftig nur noch seiner Familie zu widmen. Er würde das Geld vermissen, erklärte er, aber er brauche seinen Ruhestand, und sie würden schon über die Runden kommen.

Der Bauunternehmer bedauerte es, dass einer seiner besten Mitarbeiter ging. Er fragte den Zimmermann, ob er ihm einen Gefallen tun und noch ein letztes Haus bauen würde. Der Zimmermann sagte Ja, aber es zeigte sich bald, dass er nicht mehr mit dem Herzen bei seiner Arbeit war. Er begann zu schludern und minderwertige Materialien einzusetzen. Dies war ja sein letztes Haus, da hatte er keinen guten Ruf mehr zu verlieren ...

Als das Haus fertig war, kam der Chef, um sich von ihm zu verabschieden. Bevor er ging, reichte er ihm den Schlüssel zu dem neuen Haus. »Dies ist Ihr Haus«, sagte der Chef. »Es ist mein Abschiedsgeschenk an Sie.«

Wenn ich in einer perfekt durchgestylten Villa wohnte, wo alles zueinander passt ...
Wenn ich alle Zeit der Welt hätte, um die Fenster zu putzen, den Boden zu wischen und das Bad zu säubern, aber keine Zeit hätte, Liebe zu zeigen ...

Wenn ich meinen Kindern beibrächte, zu kochen und zu putzen und den Rasen zu mähen, ihnen aber nicht zeigte, wie man liebt ...

dann wäre ich eine Haushälterin, aber keine Mutter, eine Managerin, aber keine Hirtin.

Was ich auch sage, glaube und tue,
ohne Liebe bin ich bankrott.
Die Liebe gibt nie auf.
Der Liebe sind die anderen wichtiger als sie selber.
Die Liebe will nicht immer noch mehr haben.
Die Liebe prahlt nicht,
sie sagt nicht: »Schaut her, wie toll ich bin«,
sie drängt sich nicht auf.
Sie schreit nicht: »Erst ich!«,
sie geht nicht an die Decke.
Sie hält den Menschen nicht ihr Sündenregister vor
und freut sich nicht, wenn es anderen dreckig geht.
Sie freut sich, wenn die Wahrheit siegt,
sie erträgt alles
und vertraut stets Gott.
Immer sucht sie das Beste,
nie schaut sie zurück,
sondern geht tapfer weiter.
Die Liebe stirbt nie.[9]

»Guck mal, was dein blöder Onkel uns geschenkt hat. Was ist das?«

Küchenregeln

1. Wenn eine unaufgeräumte Küche eine glückliche Küche ist, ist meine im siebten Himmel.
2. Ein Ehemann ist eine Person, die den Abfalleimer lehrt und so tut, als habe sie gerade die ganze Küche geputzt.
3. Zahllose Menschen haben in dieser Küche gegessen ... und es ist etwas aus ihnen geworden.

Die schönsten Geschenke sind die selbstgemachten ... zum Beispiel Geld.[10]

Haben Sie das mit der chinesischen Türklingel und dem japanischen Summer gehört, die sich verliebten? Sie bekamen einen kleinen Ding-Dong-Sum![11]

Schild in einer Seniorenwohnanlage:
»Gott, bitte lass mir mein Leben, solange ich noch eins habe!«[12]

Rätsel:
Was ist grau, knusprig und hängt von der Decke herunter?
Ein Hobby-Elektriker.[13]

Wer in den Herzen anderer Menschen weiterlebt,
der stirbt nicht.
Thomas Campbell

Ich habe ein interessantes Phänomen entdeckt: Wenn man Speck so lange in der Mikrowelle lässt, bis er »richtig knusprig« ist, schmilzt er komplett, und man muss den Geschmack aus dem Backpapier raussaugen.

Zitat meines Mannes:
»Barbara kocht zum Spaß; zum Essen gehen wir aus.«

Ich kann nicht kochen und hasse Putzen und Bügeln. Das einzige Häusliche an mir ist, dass ich in diesem Land geboren bin.[14]

Was wäre, wenn Gott einen Anrufbeantworter hätte?

»Guten Tag, Sie haben die Nummer des Himmels angerufen. Bitte drücken Sie die 1 für Bitten, die 2 für Danken, die 3 für Beschwerden und die 4 für alle anderen Fragen.«

Egal, welche Taste Sie gedrückt haben, es kommt anschließend folgender Text: »Zur Zeit sind alle Engel damit beschäftigt, anderen Gotteskindern zu helfen. Bitte legen Sie nicht auf, sondern haben Sie etwas Geduld.«

»Wenn Sie wissen wollen, wie viele Engel auf eine Stecknadel passen, drücken Sie die 5.«

»Wenn König David Ihnen einen Psalm singen soll, drücken Sie die 6.«

»Um zu erfahren, ob Ihr Verwandter hier ist, tragen Sie das Datum seines Todes ein und hören Sie sich die Namensliste an.«

»Um Ihre Reservierung bestätigt zu bekommen, drücken Sie die Buchstaben J – O – H – A – N – N – E – S und darauf die Zahlen 3 – 1 – 6.«

Wie gut, dass Gott selber unsere Telefonvermittlung ist, stets bereit, uns zu helfen!

Dann wirst du rufen, und der HERR wird dir antworten. Wenn du schreist, wird er sagen: Siehe, hier bin ich. (Jesaja 58,9)

WENN SIE ›EINEN‹ MANN AUF DEN MOND SCHIESSEN KÖNNEN, WARUM NICHT GLEICH ALLE?

Die Ehe ist eine große Einrichtung. Darum landen so viele Frauen in einer Einrichtung.

Eines schönen Sommermorgens, als Bill gerade nicht da war, stand ich vor unserer Garage, als die Nachbarin vorbeifuhr. Sie öffnete das Fenster, zeigte auf die diversen Müllsäcke, Kartons und Zeitungsstapel, die ich für die Müllabfuhr hinausgestellt hatte, und sagte traurig: »Man siehts, wenn Bill nicht da ist!«

Das weiß ich selber, dachte ich, als ich den unregelmäßigen Haufen betrachtete, der so ganz anders aussah als die perfekt symmetrischen Müllsäcke, die Bill immer in Reih und Glied auf den Bürgersteig stellt. Er faltet nicht nur sämtliche Kartons zusammen, er schneidet sogar die Milchtüten in handliche Stücke, die er mit Bindfaden zusammenbindet, bevor er sie in den Müllbeutel steckt. Flaschen und Dosen spült er vorher aus, damit nichts riecht oder klebt. Wenn es etwas gibt, auf das Bill stolz ist, dann ist es sein Müll ...

Ich dagegen bin zufrieden, wenn ich etwas in Richtung Abfalleimer werfe und treffe. Ich finde, dass das Leben zu kurz ist, um darüber zu grübeln, ob mein Müll auch den richtigen Bordstein-Appeal hat. Aber Bill sind diese Dinge wichtig. Und als er die erwähnten paar Tage nicht da war, lernte ich seinen Ordnungseifer glatt neu schätzen.

»Und noch was: Du gehst mir allmählich auf die Nerven mit deiner Nettigkeit.«

Wenn ich zu meinen Vorträgen verreise, ist Bill mein treuer Begleiter. Und mein Schlüsselverwahrer, denn heutzutage, wo die Hotelschlüssel oft eher wie Kreditkarten sind, kann man sie ja sooo leicht verlieren. Wenn er in unserem Hotelzimmer bleibt, während ich beim Einkaufen oder meinen Terminen bin, lässt er die Tür immer einen Spalt offen, damit ich wieder hinein kann, ohne meine Handtasche nach dem Schlüssel zu durchsuchen. Ich dachte nie groß darüber nach – bis ich letztes Jahr, als er fort war, alleine verreisen musste.

Als ich mein Hotel erreichte, musste ich zum ersten Mal in meinem Leben (nun ja, wenn mein Gedächtnis mich nicht täuscht) ausprobieren, wie ich die Schlüsselkarte in das Schloss zu schieben habe, um meine Zimmertür zu öffnen. Als ich endlich drinnen war, war mein Gepäck nicht zu sehen. Sonst renne ich immer stracks zur Rezeption, während mein treuer Bill das Gepäck versorgt. An diesem Tag nun stellte eine verlegene Barbara fest, dass ihre Koffer immer noch vor dem Hoteleingang standen, wo der Taxichauffeur sie abgeladen hatte. Ich war in alter Gewohnheit zur Rezeption marschiert, ohne an das Gepäck zu denken!

Am meisten vermisste ich Bill allerdings beim Schlafengehen. Nein, jetzt kommt nichts Romantisches, sondern: Wie sollte ich ohne Bill den Wecker stellen? Es war zwar vereinbart, dass die Telefonzentrale des Hotels mich wecken solle, aber dieser Service ist nicht sehr zuverlässig, so dass Bill immer zusätzlich den Wecker stellt. Nun, bei dieser Gelegenheit war er so davon überzeugt, dass seine technisch steinzeitliche Frau nicht mit dem Wecker würde umgehen können, dass er mich morgens um 4 Uhr kalifornischer Zeit selber anrief, um ganz sicher zu gehen, dass ich um 7 Uhr Detroit-Zeit auch wach war!

Das Nächste, was ich vermisste, war Bills Kulturbeutel im Bad. Ich sah nur mein eigenes Chaos aus diversen Fläschchen, Tuben und Dosen, Duschhauben, Bademantel und den diversen Kleinigkeiten, die eine Frau halt unterwegs braucht, und die Stelle, wo sonst als Insel der Ordnung im Meer des Chaos Bills Kulturbeutel war (mit zugezogenem Reißverschluss natürlich), sie war leer.

Das Badezimmer scheint ja überhaupt der Ort zu sein, wo die Unterschiede zwischen den Geschlechtern am meisten hervorstechen. Nach einer Theorie braucht der typische Mann sechs Dinge im Bad: Zahnbürste, Zahnpaste, Rasiercreme, Rasierer, Seife und Handtuch. Die normale Frau kommt dagegen durchschnittlich auf 437 Gegenstände, von denen die meisten dem normalen Mann ein Rätsel sind.

Eines der größten Badprobleme ist natürlich, wie man die Herren der Schöpfung dazu bringt, die Toilettenbrille wieder zu schließen. Vor kurzem hörte ich, dass ein findiger Engländer eine Vorrichtung ausgetüftelt haben soll, die die Brille nach jedem Spülen automatisch senkt. Gerüchten zufolge soll der Erfinder für den Friedensnobelpreis vorgeschlagen worden sein.

Blondie

Ja, die Unterschiede zwischen Mann und Frau. Aber sie können weniger werden, wenn so ein Paar im Laufe der Jahre zusammenwächst. Die folgende Geschichte von einem unbekannten Autor illustriert dies sehr schön:

Ein junger Mann saß in einem Restaurant. Er bemerkte, dass das ältere Ehepaar am Nachbartisch nur *ein* Mittagessen bestellte plus ein zweites Trinkglas. Fasziniert schaute er zu, wie der Mann den Hamburger sorgfältig in zwei Hälften schnitt und dann die Pommes verteilte – eine für mich, eine für dich –, bis jeder genau die Hälfte hatte. Daraufhin goss er die Hälfte der Limonade in das zweite Glas und stellte dieses seiner Frau hin. Dann begann er zu essen, während seine Frau mit brav gefalteten Händen zuschaute.

Der junge Mann beschloss, die beiden zu fragen, ob er ihnen ein zweites Essen spendieren dürfe, damit sie sich nicht eines teilen müssten.

»Nein, danke«, erwiderte der alte Herr. »Wir sind seit fünfzig Jahren verheiratet und haben immer alles geteilt, Fifty-Fifty.«

Der junge Mann fragte die Frau, warum sie denn dann noch nicht aß.

»Erst muss mein Mann fertig sein«, antwortete sie. »Er hat gerade die Zähne.«

Die Geschichte erinnert mich daran, wie Bill einmal zu der Hamburger-Bude an der Ecke ging, um uns zu verwöhnen. Er bestellte zwei Hamburger und zwei Portionen Pommes. Als er nach Hause kam und die Tüte auspackte, waren nur ein Hamburger und eine Pommesportion drin. Darauf mein Bill: »Stell dir vor, die haben deins vergessen!«

Reprinted with special permission of King Features Syndicate.

MÄNNER SIND LUSTIG

Mal ehrlich: Wenn die Männer uns nicht auf die Palme bringen, bringen sie uns zum Lachen. Eine andere Geschichte eines unbekannten Verfassers berichtet, wie ein Mann mit einem Gipsarm lange herumdruckste, als er gefragt wurde, wie er sich den Arm gebrochen habe. Er gestand schließlich, dass es passiert sei, als seine Frau einige Topfpflanzen, die den ganzen Tag auf der Terrasse gestanden hatten, ins Haus trug. In einem der

Töpfe hatte sich eine Ringelnatter versteckt. Als sie den Topf verließ, um den Fußboden des Wohnzimmers zu erkunden, sah seine Frau sie.

»Ich war gerade in der Badewanne, als ich sie schreien hörte«, erzählte er. »Es hörte sich an, als ob einer dabei war, sie abzumurksen und ich sprang aus der Wanne und sauste so, wie ich war, ins Wohnzimmer. Sie schrie, dass eine Schlange unter der Couch sei. Ich ging auf alle Viere, um das Tier zu suchen. In dem Augenblick kam unser Hund von hinten und berührte mich mit seiner Schnauze. Ich dachte, das wäre die Schlange, und wurde ohnmächtig. Meine Frau dachte, ich hätte einen Herzinfarkt, und rief den Notarzt an. Ich war noch groggy, als die Sanitäter kamen. Sie hoben mich auf die Trage, und gerade als sie mich hinaustrugen, kam die Schlange unter dem Sofa hervor, und der eine Sanitäter bekam so einen Schreck, dass er die Trage fallen ließ – und so hab ich mir den Arm gebrochen.«

Männer geben ungern zu, dass ihnen so etwas passiert ist, aber irgendeiner muss ja für die Unterhaltung sorgen! Es scheint mehr Dummheiten unter dem Himmel zu geben, als unser Verstand sich träumen lässt. So brachte das Nachrichtenmagazin *Newsweek* einmal eine Liste diverser Warnhinweise, die man in Amerika auf den harmlosesten Alltagsgegenständen finden kann. Zum Beispiel:

- Auf einem Fertigkuchenteig: »Wird bei Erwärmen heiß.«
- Auf einem Seifenstück: »Wie normale Seife benutzen.«
- Auf einer Duschhaube in einem Hotelbadezimmer: »Nicht für mehrere Köpfe gleichzeitig geeignet.«
- Auf einer Packung Schlaftabletten: »Achtung – kann Müdigkeit verursachen.«
- An einer Weihnachtslichterkette: »Nur drinnen oder draußen verwenden.«
- Und der Hammer, an einem Bügeleisen: »Kleider nie am Körper bügeln.«[1]

Vielleicht liege ich da falsch, aber ich kann mir beim besten

Willen keine Frau vorstellen, die sich die Bluse bügeln will, die sie gerade am Leib trägt. Eher schon einen Mann, der flach auf dem Boden liegt und die Bügelfalten in seiner Hose nachzubügeln versucht. Was mich gleich an eine andere Geschichte erinnert, in der ein junger Mann mit extrem roten Ohren zu einem Familienfest erschien – angebrannten Ohren, um exakt zu sein. Er erklärte der versammelten Verwandtschaft, dass das Missgeschick am Wochenende passiert sei, als er vor dem Fernseher saß und sich gelangweilt mal dieses, mal jenes Fußballmatch angeschaut habe. Seine Frau war auch im Raum und bügelte, und auf das Bügelbrett hatte sie das Telefon gestellt, damit sie während der Arbeit mit ihrer Mutter sprechen könnte.

Sie war gerade nach draußen gegangen, um die fertig gebügelten Kleider ins Schlafzimmer zu tragen, als das Telefon klingelte.

»Ich war so in das Spiel vertieft«, erklärte der junge Mann, »dass ich, ohne hinzusehen, das Bügeleisen nahm und an mein Ohr hielt, weil ich dachte, es wäre das Telefon.«

»Und wie hast du dir das *andere* Ohr verbrannt?«, fragte jemand.

»Ich hatte kaum aufgelegt, da hat der Kerl wieder angerufen!«

»Das Telefon ist in Ordnung, Schatz – das ist die Fernbedienung!«

Zugeben, dass sie zu Dummheiten fähig sind, ist nicht das Einzige, das manchen Männern peinlich ist. Manche von ihnen haben einen Horror davor, ihre Frauen zum Einkauf zu begleiten, vor allem vor Weihnachten, wenn die Straßen und die Kaufhäuser überfüllt sind. Ein Forscher hat den Puls und Blutdruck eines Ehemannes in einer solchen Lage mit dem eines Bomberpiloten im Kampfeinsatz verglichen.[2]

Nun, ich schone meinen Bill und fahre selber das Auto, wenn er mich zum Einkaufszentrum begleitet. Was die Parkplatzsuche in der Tiefgarage betrifft, so wende ich eine Strategie an, die ich einmal irgendwo gehört habe. Man steckt seinen Kopf zum Fahrerfenster hinaus und lauscht angestrengt, ob irgendwo ein Motor startet. Dann rast man mit rauchenden Reifen in die Richtung. Es bringt einen zusätzlichen Wettbewerbsvorteil, wenn man dabei *gegen* die Pfeile auf dem Fußboden fährt. (Die einzige andere Parkplatzfindermethode vor den Feiertagen, die ich kenne, besteht darin, darauf zu warten, dass jemand stirbt und einem einen Parkplatz vererbt.)

Doch Einkaufen ist nicht der einzige Stressfaktor bei Männern. Ein anderer Stress ist, wenn sie beim Kämmen gewisse, sagen wir, Emanzipationsbestrebungen ihrer Kopfhaut wahrnehmen. Dies ist für viele Männer ein großes Unglück und erinnert mich an eine geistreiche Bemerkung, die ich einmal hörte, dass Adam der glücklichste Mann aller Zeiten war, denn »wenn er eine Glatze bekommen hätte, hätte keiner gewusst, dass das nicht normal ist«.

Die Männer kommen auf alle möglichen Ideen, wenn ihr Haar ausfällt, was eine ganze Industrie schamlos ausnutzt. Eines der kreativeren Produkte besteht aus Wollfasern von australischen Schafen und einem Klebespray, welches (nebst statischer Aufladung) besagte Fasern festhalten soll. Wie ein Zeitungsreporter es beschrieb:

Das Zeug wird in einer Dose geliefert, die wie ein Pfefferstreuer aussieht. Man streut es sich auf den Kopf, während man sich vorsagt: »Ich bin kein Schmorbraten«, streicht es etwas glatt und gibt etwas von dem Klebespray dazu. Fertig.[3]

Die erfahrene Ehefrau wird ein solch kitzliges Thema natürlich nie vor ihrem Mann erwähnen. Sie weiß genau, dass man gewisse Dinge besser in Ruhe lässt. Genau was für Dinge dies sind, variiert natürlich von einem Paar zum anderen. So enthüllte in einer Illustrierten eine Politikergattin, dass sie es gelernt habe, die Reden ihres Mannes nicht zu kritisieren. Sie schrieb, dass, nachdem sie es einmal gewagt hatte, eine Rede nicht gut zu finden, ihr Bester »anschließend wochenlang mit Fanpost nach Hause kam, in der es hieß, dass dies seine beste Rede gewesen sei«.

Dann kam der Abend, wo die beiden vor ihrer Garage vorfuhren und er sie fragte: »Sag's mir ganz ehrlich: Wie war meine Rede?«

Sie erwiderte ganz ruhig: »Nicht so gut.« Worauf er »das Auto gegen die Garagenwand fuhr«.[4]

»Wir streiten uns immer, wer als Erster die Rechnungen lesen darf.«

Und dann natürlich das alte Problem, dass viele Männer sich strikt weigern, Pausen zu machen, wenn sie mit dem Auto unterwegs sind. Kennen Sie auch den Witz, was passiert wäre, wenn die drei Weisen aus dem Morgenland Frauen gewesen wären? Sie hätten angehalten, um sich nach dem Weg zu erkundigen, wären pünktlich angekommen, hätten bei der Geburt des Kindes geholfen, den Stall gesäubert, für die Familie gekocht und statt Weihrauch und Myrrhe Pampers und andere praktische Geschenke mitgebracht ...

Und jemand anderes stellte die folgende Liste zusammen, was alles anders wäre, wenn die *Männer* schwanger würden:

- Der Schwangerschaftsurlaub betrüge zwei Jahre.
- Es gäbe längst ein Heilmittel für Schwangerschaftsstreifen.
- Hausgeburten würden aussterben.
- Schwangerschaftsübelkeit wäre das Gesundheitsproblem Nr. 1.
- Die Babys würden im Krankenhaus bleiben, bis sie keine Windeln mehr brauchen.

- Die Aktentaschen der Männer würden genügend Platz für Ersatzwindeln bieten.
- Es gäbe Umstandskleider für Männer.
- Die Schwangeren würden die ganzen neun Monate im Bett verbringen.

WARUM HEIRATEN GUT FÜR MÄNNER IST

Bei all diesen Unterschieden zwischen Millionen von Ehemännern und -frauen ist es geradezu ein Wunder, dass die »Institution Ehe« überhaupt überlebt. Bill Crosby hat es so ausgedrückt: »Dass Ehepaare es fertig bringen, einen Tag nach dem anderen zusammenzuleben, ist ein Wunder, das der Vatikan übersehen hat.« Warum überlebt die Institution Ehe? Zum Teil, so die Forscher, einfach weil – sie funktioniert. Einer nennt sie »ein herrliches Chaos«, das »für die Taube meist ganz gut ist und für den Täuberich das süße Leben«. Mit anderen Worten: »Die Ehe hat einen positiven Effekt auf Männer und Frauen, aber bei den Männern ist er besonders stark. – Erst wollen sie nichts vom Heiraten hören, aber wenn sie dann verheiratet sind, tut es ihnen echt gut.« Andere Studien zeigen, dass »die Ehe das Leben der Männer mehr verlängert als das der Frauen. – Sie kann sogar kränkliche Männer kerngesund machen.«[5]

Da überrascht es nicht mehr, wenn wir lesen, dass der Verlust des Ehepartners die Männer härter trifft als die Frauen.[6]

Vielleicht erklärt dies ein bisschen das, was mir letztes Jahr passierte. Als ich einen Briefumschlag öffnete, war darin ein Scheck für mich, der von einem Mann unterschrieben war. Ganz unten hatte dieser geschrieben: »Geben Sie unseren Namen an niemand weiter! Bitte keine Bettelbriefe!«

Was sollte das? Dann sah ich, dass auf den Scheck die Telefonnummer dieses Herrn aufgedruckt war, und so rief ich ihn an und fragte ihn, wie er zu diesen Zeilen gekommen sei.

Mit schroffer Stimme erklärte er mir, dass seine Frau kürzlich auf einer Women-of-Faith-Konferenz gewesen sei. Er habe nicht gewollt, dass sie ginge, wegen ihrer Gesundheit. Im Dezember habe ihr Arzt ihr noch drei Monate gegeben. Aber im Januar hätten ein paar Freundinnen sie in einen Rollstuhl gesetzt und zu der Konferenz mitgenommen.

»Und – wie war es?«, fragte ich schüchtern.

Sein Ton wurde eine Spur wärmer. »O, sie war begeistert. Und dann bat sie mich, Ihnen diesen Scheck zu schicken, für Bücher von Ihrem Büchertisch. Sie hatte nicht genügend Geld und keine Schecks dabei, und da gab eine Dame ihr die Bücher so und sagte ihr, sie könne das Geld später schicken. Aber ich habe gehört, dass diese christlichen Vereine einen dauernd anpumpen, wenn man erst mal auf ihrer Adressenliste ist, und so etwas will ich nicht.«

Ich versicherte ihm, dass wir seinen Namen auf keinen Fall an irgendeinen »Verein« weitergeben würden. »Schauen Sie«, sagte ich, »ich habe drei Schuhkartons voll Adressen von Leuten, die unseren Rundbrief haben wollen, aber unsere Liste ist voll.« Ich gab ihm sogar die Adresse einer Organisation, der er beitreten könne, um sich vor unerwünschten Werbesendungen zu schützen. (Die Organisation taugt nicht viel, aber ich wollte ihn beruhigen.)

Schließlich nahm ich meinen Mut zusammen und fragte: »Und wie geht es Ihrer Frau gerade?«

»Sie ist zu Hause. Möchten Sie sie sprechen?«

»Aber ja, gerne!«, antwortete ich.

Es hörte sich so an, als ob er aus dem Zimmer ging. Die Sache schien ihm auf einmal peinlich zu sein.

Seine Frau kam ans Telefon. »Sind Sie das wirklich, Barbara?

Vielen, vielen Dank für diese Bücher, ich habe sie schon alle gelesen.«

Sie fuhr fort, dass die Konferenz wunderbar gewesen sei und dass sie sich erinnerte, dass ich ein neues Buch von mir erwähnt habe, das den Tod und den Himmel behandelte. »O, Barbara, das würde ich ja so gerne lesen. Aber Sie haben ja gesagt, dass es erst in drei Monaten herauskommt, und dann – bin ich ja nicht mehr da.«

»Ja, dann sind Sie nicht mehr da«, erwiderte ich mechanisch, bevor ich merkte, was ich da sagte.

Dann hatte ich eine Idee: »Ich habe ja das Manuskript hier. Wie wär's, wenn ich Ihnen das einfach schicke? Ihnen, nicht *ihm*!«

Sie sagte: »Da würde ich mich ganz arg freuen!«

Und so schickte ich ihr das Manuskript – ihr, nicht *ihm* –, und ein paar Tage später rief sie mich an und sagte: »Barbara, ich bin ja so dankbar für das Manuskript. Das wird bestimmt ein gutes Buch. Aber jetzt hätte ich eine Bitte. Meinen Sie, dass Sie mir die erfüllen können?«

Ich sagte: »Für Sie tu ich alles!«

Sie zögerte einen Augenblick, dann sagte sie: »Also, wenn ich gestorben bin, wird mein Mann so allein sein. Könnten Sie ihn bitte auf Ihre Adressenliste setzen, damit er Ihre Rundbriefe bekommt?«

Auch wenn wir uns manchmal über unsere Männer und ihre Eigenarten lustig machen – die meisten von uns teilen ihr Leben gerne mit ihnen, durch Dick und Dünn, gute und schlechte Tage, Lachen und Tränen. Wie Thomas Merton einmal sagte:

Als Heilige mit anderen Heiligen auf dieser Erde leben – selbst das geht nicht ganz ohne Not, ganz ohne Schmerzen über die Unterschiede, die zwischen uns stehen. ... Lieben heißt, einen Körper mit gebrochenen Knochen heilen.

Die glücklichsten Ehen sind ohne Zweifel die, die ihre Nöte weglieben und weglachen können. Bei diesen Paaren gehört das Lachen zum Alltag dazu. Eine Freundin schickte mir ein Päckchen mit lustigen Gedichten und Geschichten. Sie hatte auch eine Photokopie ihres Lieblings-Cartoons beilegen wollen, aber das ging nicht, weil ihr Mann den Cartoon an die Innenseite der Tür des Badezimmerschranks *geklebt* hatte. Sie beschrieb das Bild also. Es zeigt einen Mann, der zu seiner Frau ins Bett steigt und sagt: »Der Schimmer deiner Nachtcreme ist wie das Mondlicht auf einem Bergsee und das Silberglänzen deiner Lockenwickler wie der Tau im Morgengras.«

Ich sehe sie vor mir, diesen Mann und seine Frau, wie sie jeden Morgen, wenn sie ihre Zahnpaste aus dem Schrank holen, grinsen und kichern.

Es muss nicht immer ein Cartoon sein, der eine Ehe frisch hält. Eine andere Frau, die ins Loch der Depression fiel, als sie herausfand, dass ihr Sohn homosexuell sei, schrieb mir:

Eine Zeit lang war ich immer unendlich traurig, aber jetzt kann ich mich wieder freuen. Als ich wieder einmal ganz unten war, sah mein Mann mich mit Tränen in den Augen an und sagte: »Du hast doch noch *mich.*« Da bin ich aufgewacht. Ich darf es nicht zulassen, dass dieses Problem mein Leben und das meiner Lieben kaputtmacht.

Dieses »Wir gehören zusammen« eines anderen Paares erhielt vor ein paar Jahren seine gebührende Würdigung, als ein Kolumnist der *Washington Post* einen Artikel über den 96 Jahre alten Mike Mansfield, den früheren Fraktionsführer der Mehrheitspartei im US-Senat, schrieb. Mansfield war mit 14 Jahren (er hatte sein Alter flugs höher angegeben) in die Marine gegangen und danach in die Kupferminen von Montana. Dort »lernte er eine junge Lehrerin kennen, die seine außergewöhnlichen Qualitäten erkannte und ihm Mut zu einer richtigen Ausbildung machte. Nach 68 Jahren Ehe ist seine Hingabe an Maureen Hayes, besagte Lehrerin, ungebrochen.«

Aber das Schönste kommt noch. In dem nächsten Satz heißt es, dass »das Parlament von Montana kürzlich anregte, im Regierungsgebäude in der Hauptstadt Helena eine Mansfield-Statue aufzustellen«. Was Mansfield so kommentierte: »Nur ich – nein; Maureen und ich – einverstanden.«[7]

»Ich hab gesagt, mir ist so *rheumatisch* zumute!«

Eine andere Illustration dieses Zusammenhaltens kann man auf der Insel Vashon, südlich von Seattle, bestaunen. Es ist der »Fahrradbaum«, ein kleines »Wunder der Natur«, so die Autorin Charis Collins, »das anfing, als ein Kind sein kleines rotes Fahrrad an den jungen Baum lehnte und dort vergaß. Der Baum wuchs und wuchs und zog dabei das Fahrrad, mit Lenker, Sitz und den vor sich hinrottenden Reifen, ohne Murren und als ob dies die natürlichste Sache von der Welt sei, an sich, bis die beiden untrennbar miteinander verbunden waren. Heute ist der Baum buchstäblich in das Fahrrad hineingewachsen, und das Fahrrad ist mitgewachsen; längst steht es nicht mehr auf dem Boden, sondern hängt mehrere Fuß über ihm in dem Stamm, der es sanft und knorrig umarmt.«

Charis fühlt sich durch diesen Fahrradbaum an die Eheringe ihrer Großeltern erinnert, »die richtig eingewachsen sind in ihre schwieligen alten Finger«. Und nicht nur an die Ringe, sondern auch an ihre Ehe selber:

> Ehe, das heißt, sich eines anderen Menschen anzunehmen. Meist geschieht dies nicht nach einem festen Plan; wenn du geboren wirst, weißt du noch nicht, wen du einmal heiraten wirst. ... Aber dann werden die beiden, die sich da geheiratet haben, eins, auch wenn dies erst noch so unwahrscheinlich, ja unmöglich erscheint. Wenn es gut geht, dann werden sie mit jedem Tag, der vergeht, ein Stückchen mehr verknotet.[8]

Verknotet – das ist die perfekte Beschreibung dessen, was in einer guten Ehe geschieht. Ohne diesen Knoten würde unser Band sich wieder auflösen, auch in meiner Ehe. Und zu diesem Band gehören nicht nur wir zwei, sondern noch ein dritter Faden, der quer durch unsere Ehe läuft und uns nicht nur miteinander, sondern auch mit unserem Schöpfer verbindet. Dieser Faden ist Gottes Liebe zu uns.

> Auch wenn zwei beieinander liegen, wärmen sie sich; wie kann ein Einzelner warm werden? Einer mag überwältigt werden, aber zwei können widerstehen, und eine dreifache Schnur reißt nicht leicht entzwei (Prediger Salomo 4,11-12).

LEBEN UND LACHEN

Regel für Frauen, die keine Ausnahmen kennt
Wenn es Reifen oder Testosteron hat, gibt's Probleme damit.

Zwei kleine Kusinen sitzen in einer Trauung und versuchen mitzukriegen, was da vorne vor sich geht. Die ältere fragt ihren Vater: »Papa, was machen die da gerade?«

»Die Braut gibt ihr Jawort«, flüstert der Vater.

Das Mädchen dreht sich zu seiner Kusine hin: »Sie sagt ihm gerade, dass er darf.«[9]

Veni, vidi, visa.
Übersetzung: Ich kam, ich sah, ich kaufte ein.

Ich habe eine kleine rote Schachtel mit einem roten Knopf. Wenn jemand mich fragt, wofür die da ist, antwortete ich: »Wenn ich den Knopf drücke, passiert eigentlich gar nichts. Er erinnert mich nur daran, dass ich nicht so eine große Klappe haben soll.«

Wenn die Männer die Welt regieren können, warum können

sie dann nicht aufhören, Krawatten zu tragen? Warum den Tag damit beginnen, dass man sich so eine Henkersschleife um den Hals bindet?

Linda Ellerbee

Eine gute Methode, das letzte Wort zu haben:
Entschuldige dich.

Lieber Gott, mach uns gerade, wenn wir krumme Wege gehen.

Inschrift auf dem Grabstein einer Mutter von neun Kindern:
Hier hat Mutter ihre Ruhe.

Der kluge Ehemann weiß, dass das PMS (prämenstruelles Syndrom) Mutter Naturs Art ist zu sagen: »Mach einen Spaziergang!«

Ein Pastor eröffnete seiner Gemeinde, dass die Kirche mehr Geld brauche. Er bat seine Schäfchen, sich doch zu überlegen, ob sie heute nicht ein besonderes Opfer in den Klingelbeutel legen wollten. Wer am meisten opfere, so fuhr er fort, dürfe sich drei Lieder aussuchen.

Der Klingelbeutel machte die Runde, und siehe da, ein Scheck über 1000 Dollar war dabei. Der Pastor verkündete den Namen der Gewinnerin, und eine ältere, sittsame Dame kam schüchtern nach vorne. Der Pastor dankte ihr überschwänglich für ihre Spende und sagte ihr, dass sie sich nunmehr drei Lieder aussuchen könne.

Die Augen der Dame leuchteten. »Drei Glieder, Herr Pastor? Danke!« Und sie zeigte auf die drei schönsten Männer in den Bänken und sagte: »Also, ich will den und den und den!«

Text auf einem Aufkleber:
Frauen wollen wie junge Mädchen aussehen.
Männer benehmen sich wie kleine Kinder.

In der Fahrschule. Ein Mann versucht, mit seiner Nachbarin anzubändeln: »He, Mädchen, was ist dein Lieblingsverkehrszeichen?« Sie: »Einfahrt verboten.«

Ein Mann geht in Kalifornien am Strand spazieren und findet eine alte Lampe. Er hebt sie auf und reibt an ihr, und ein Geist kommt heraus. Der Geist sagt: »Gut, du hast mich befreit. Das ist diesen Monat schon das vierte Mal, und ich mag diese blöden Wünsche nicht mehr. Du hast nicht drei Wünsche frei, sondern bloß einen.«

Der Mann denkt nach, dann sagt er: »Ich wollte immer schon mal nach Hawaii, aber ich habe Angst vor dem Fliegen und werde so leicht seekrank. Könntest du mir eine Brücke nach Hawaii bauen, damit ich mit dem Auto fahren kann?«

Der Geist lacht. »Sonst noch was? So eine Brücke geht nie im Leben! Wie soll ich die denn im Meeresboden verankern? Und die Unmengen an Stahl, die ich brauchen würde! Wünsch dir was anderes.«

Der Mann denkt erneut nach, diesmal recht lange, dann sagt er: »Ich wünsche mir, ich könnte die Frauen verstehen – wie sie sich fühlen, was sie denken, warum sie weinen und warum sie lachen. Ich möchte wissen, was sie wirklich meinen, wenn sie sagen: ›Ach, nichts‹, und wie man sie echt glücklich machen kann.«

Der Geist überlegt einen Augenblick, dann sagt er: »Möchtest du die Brücke mit zwei oder mit vier Fahrspuren?«

In diesem Grabe tun
meine Frau und ich ruh'n,
bis der Posaune Schall erklingt
und sie mir meinen Kaffee bringt.
Verwöhnter Ehemann

Was für eine Haarfarbe trägt man bei Kahlköpfigen im Ausweis ein?

Es gibt zwei Strategien, wie man mit einer Frau diskutiert. Beide funktionieren nicht.

Wenn die Welt von Frauen regiert würde ...
... müssten die Männer, die die Frauenschuhe entwerfen, sie selber tragen;
... würden die Ehemänner ihrer Frau, die gerade eine Seifenoper im Fernsehen sieht, etwas zum Knabbern und Trinken bringen;
... würden die Männer sich fragen, was *wir* uns eigentlich so denken;
... würden alle Toilettenbrillen festgeschraubt sein.

Ein von Männern entworfener Kursplan zur Ausbildung von Ehefrauen

1. Nichts sagen, sondern schweigen: Das Land, wo keine Frau je war.

2. Die Bank, wie keine sie kennt: Einzahlungen machen.
3. Männer-Management: Wie man Hausarbeiten bis nach der Sportschau aufschiebt.
4. Badezimmer-Etikette I: Auch Männer brauchen ein Plätzchen im Badezimmerschrank.
5. Badezimmer-Etikette II: Sein Rasierer gehört allein ihm.
6. Kommunikation I: Tränen sind das letzte Mittel, nicht das erste.
7. Kommunikation II: Vor dem Reden denken!
8. Kommunikation III: Wie man ohne Quengeln kriegt, was man will.
9. Auto-Sicherheitstraining: Einführung ins Einparken.
10. Telefonieren für Fortgeschrittene: Wie man auflegt.
11. Fettpolster: Mythos oder Schicksal?
12. Kochen (Grundkurs): Frühstückseier ohne Reue.
13. Kochen (Fortgeschrittene): Wie man anderen nicht seine Diät aufzwingt.
14. Das postmenstruale Syndrom: Ihr Problem, nicht seines.
15. Der klassische Kleiderschrank: Kleider anziehen, die man schon hat.
16. Hausstaub: Ein harmloses Naturphänomen, das nur Frauen bemerken.
17. Integratives Waschen: Alles zusammen in die Trommel werfen.
18. Öl und Benzin: Ihr Auto braucht *beides.*
19. Fernbedienungen: Nur für Männer.
20. Konzentration für Fortgeschrittene: Wie man fünf Fernsehshows gleichzeitig sieht.

Erzähle einem Mann, dass es 400 Milliarden Sterne gibt, und er glaubt dir. Sage ihm, dass eine Bank frisch gestrichen ist, und er muss sie erst anfassen.

Steven Wright

Wie man eine Frau garantiert glücklich macht: 1. Man gebe ihr den Eindruck, dass sie ihren Willen bekommt. – 2. Man lasse ihn ihr.

Lyndon B. Johnson

**»Mein Papa fährt so gut,
weil meine Mama ihm Nachhilfe gibt.«**

Ein Junggeselle ist ein Mann im Werden –
bis er heiratet; dann ist er erledigt!

Ein kleiner Junge fragt seinen Vater: »Papa, was kostet es, zu heiraten?«

Der Vater erwidert: »Das weiß ich nicht, Junge, ich bin immer noch am Zahlen.«

Eine Frau, die heiratet, erwartet, dass ihr Mann sich ändern wird, aber er ändert sich nicht. Der Mann erwartet, dass seine Frau sich nicht ändern wird, aber sie ändert sich.

Und dann die Kinder! Eine Frau weiß alles über sie – ihre Zahnarzttermine, ihr Fußballtraining, ihre Romanzen und besten Freunde und Lieblingsspeisen und geheimen Ängste und Hoffnungen und Träume.

Der Mann bekommt halb mit, dass es im Haus so ein paar kleinere Personen gibt.

Ein kleines Mädchen begriff nicht recht, was es bedeutet, wenn zwei Menschen heiraten. Sein Vater holte das Hochzeitsalbum hervor und erklärte ihm, wie so eine Trauung funktioniert. Darauf das Mädchen: »O, jetzt versteh ich. Da hat die Mama also angefangen, für uns zu arbeiten!«

Liebe Freunde, seid schnell bereit, zuzuhören, aber lasst euch Zeit, ehe ihr redet oder zornig werdet. Zorn kann niemals etwas bewirken, das in Gottes Augen gerecht ist. ... Nehmt die Botschaft Gottes, die er euch gegeben hat, demütig an, denn sie hat die Kraft, eure Seelen zu retten (Jakobus 1,19-21).

WENN ES ABWÄRTS GEHT, HALTEN SIE DIE STRASSENKARTE WAHRSCHEINLICH VERKEHRT HERUM

Gott gebe mir die Senilität, die Menschen zu vergessen,
die ich sowieso noch nie mochte,
das Glück, die zu finden, die ich mag –
und die nötigen Augen, die beiden zu unterscheiden.

Vor einiger Zeit fuhren Bill und ich auf eine Freizeit in Texas. Die lieben Mädchen, die uns am Flughafen in Houston abholten, waren ganz nervös und sehr bestrebt, alles richtig zu machen. Was ihnen nicht so ganz gelang.

Das erste Missgeschick war, dass sie irrigerweise annahmen, dass wir an dem kleinen Hobby-Airport von Houston ankommen würden. Wir landeten natürlich auf dem viel größeren Intercontinental Airport (er ist so groß, dass erfahrene Vielflieger ihn Houston Intergalactic Airport nennen). Als sie ihren Fehler entdeckten und reumütig zum richtigen Flughafen fuhren, marschierten sie zum internationalen Terminal, weil wir ja aus Ontario kamen – nur dass es nicht Ontario in Kanada war, wie sie annahmen, sondern Ontario in Kalifornien. Ergo: Richtiger Flughafen, falscher Terminal.

Sie ahnen es schon: Bill und ich standen eine geschlagene Stunde wie bestellt und nicht abgeholt in der Gepäckausgabe. Dann sahen wir ganz hinten im Flur zwei Gestalten auf uns zueilen. Auf *uns*? Jawohl, denn sie trugen riesige Sombrerohüte, von denen in alle Richtungen Geranien flogen. Sie erreichten uns atemlos, entschuldigten sich für ihre Verspätung und erklärten, dass sie erst am falschen Flughafen und dann im falschen Terminal gewesen seien. Worauf sie uns zu dem nagelneuen Auto der einen Dame geleiteten, unser Gepäck und dann uns einluden und den Zwei-Stunden-Trip zu der etwa 120 Kilometer entfernten kleinen Stadt begannen, wo die Freizeit stattfinden sollte.

Das Desaster ging weiter. Als wir aus dem Parkplatz hinausfuhren, unsere beiden Betreuerinnen, immer noch mit Hut, auf den Vordersitzen, bekannte die Fahrerin: »Barbara, ich hab keinen Schimmer, wo diese Freizeit ist, und ich bin noch nie mit dem Auto an diesem Flughafen gewesen. Ich muss meinen Mann anrufen und fragen, wie wir fahren müssen.« Und sie fuhr fort, dass sie sich natürlich niemals bereit erklärt hätte, uns zu fahren, wenn sie gewusst hätte, dass wir an *diesem* Flughafen ankommen würden und nicht an dem altvertrauten Hobby Airport.

Es zeigte sich, dass ihr Mann Richter an einem Gericht in Houston war, und sie rief ihn von ihrem Handy aus an, während wir ziemlich planlos die Flughafenautobahn entlangfuhren. Sie hatte nichts zu schreiben dabei (und hätte auch gar nicht gleichzeitig fahren, telefonieren und schreiben können), so dass ich wacker versuchte, die Wegbeschreibung zu notieren, die sie mir in ihrem schleppenden Südstaatenakzent weitergab. Als ihr durchaus geduldiger Mann merkte, dass sie mit seinen Anweisungen nicht zurande kam, riet er ihr, doch eine Straßenkarte zu konsultieren.

Die Beifahrerin suchte im Handschuhfach herum und zog schließlich eine Karte heraus, die sie auf ihrem Schoß ausbreitete. Unsere Fahrerin gab die Informationen ihres Mannes fleißig weiter, aber die Kartenhüterin unterbrach sie: »Du, ich weiß überhaupt nicht, wo wir sind, und die Straßen, die der meint, sind hier gar nicht drauf!«

Bill, der frühere Pfadfinder, dessen Motto »Allzeit bereit« ist, rettete die Situation, indem er sich nach vorne beugte, den Sombrero der Kartenleserin anhob, um die Karte sehen zu können, und verkündete: »Das ist ja auch Mexiko, was Sie da haben. Drehen Sie die Karte mal um, vielleicht ist auf der Rückseite Texas.«

»O, wie dumm von mir!«, kicherte die Beifahrerin. Sie drehte die Karte mit einiger Mühe um und begann erneut, nach bekannten Straßen zu suchen. Aber der Druck war so klein, dass sie es schließlich aufgab. Wieder war Bill der Retter in Not. Er zog die Lupe hervor, die er immer bei sich trägt, und schob sie unter den Hut der Dame. Sie nahm sie, etwas verschreckt, entgegen und legte sie flach auf die Karte. »O danke, Bill, aber ich kann immer noch nichts lesen«, sagte sie.

»Heben Sie die Lupe etwas hoch!«, befahl Bill.

Die Frau hob die Lupe eine halbe Handbreit von der Karte hoch und rief: »O, jetzt werden die Buchstaben ja *größer*!«

Nun, wir erreichten schließlich unsere kleine Stadt (sage einer, dass Gott nicht Gebet erhört), und wir genossen die Freizeit ausgiebig. Aber ich glaube, am meisten Spaß macht es Bill und mir, wenn wir (nun ja, im Nachhinein) an die Fahrt mit diesen beiden lieben, aber etwas konfusen Damen zurückdenken. Sie unterhielten uns mit einer Panne nach der anderen, wie sie eigentlich für das Alzheimeralter typisch sind. Wir mögen es, wenn solche Dinge Leuten passieren, die ein paar Jahre jünger sind als wir. Wie sollen wir sie nennen, die beiden wackeren Mädchen? »Geografisch zurückgeblieben«? »Hormonell übersättigt«? Ich finde, am besten klingt »ihrer Zeit voraus«.

WECHSELHAFTE WECHSELJAHRE

Meine Freundinnen genießen es, mir ihre diversen Wechseljahr-Eskapaden zu berichten. Wie die Dame Ende vierzig, die ihre Tochter mehrere Male in der Woche zum Fußballtraining fahren musste. An einer der Kreuzungen auf dem Weg zu dem Sportplatz war eine einzige Ansammlung von Schnellrestaurants, und oft genehmigte diese Frau sich, wenn sie ihre Tochter abgesetzt hatte, ihr Lieblingssandwich im Burger King.

Eines Nachmittags war die Schlange vor dem Autoschalter so lang, dass die Frau ihre übliche Routine ändern musste. Sie fuhr hastig durch das Labyrinth der Parkplätze, stellte ihr Auto ab und rannte zu Fuß in das Restaurant hinein. Zu dumm, der Zeitverlust, und sie hatte ja noch sooo viel zu erledigen an diesem Tag.

Hinter der Theke stand ein nervös aussehender Teenager. Gleich hinter ihm stand der Manager, der dem Knaben über die Schulter guckte, während er gleichzeitig die Bestellungen in die Küche brüllte. *Na prima*, dachte die Frau. *Jetzt hab ich's so eilig, und dann auch noch ein Lehrling!*

»Ein Hähnchensandwich bitte, ohne Mayonnaise, und eine große Diätcola«, befahl sie.

Der Knabe suchte die Tastatur der Kasse ab, offensichtlich nach dem richtigen Knopf. Seine Augen huschten nach links, nach rechts, nach oben, nach unten und dann zurück zu der Frau. »Wie, bitte?«, fragte er.

»Ein Hähnchensandwich ohne Mayonnaise und eine große Diätcola«, wiederholte die Dame, langsam und so laut, als sei der junge Mann schwerhörig.

Wieder suchte der Arme die Tastatur ab, dann drehte er sich, während die Frau ungeduldig die Augen rollte, Hilfe suchend zu dem Manager um. Dieser bat die Dame, ihre Bestellung noch einmal zu wiederholen.

Die Frau rezitierte, kurz vor dem Zusammenbruch, mit noch lauterer Stimme: »HÄHNCHENSANDWICH OHNE MAYONNAISE UND EINE GROSSE DIÄTCOLA!«

Der Manager stutzte eine halbe Sekunde, dann erwiderte er, so laut und langsam, als ob die Frau aus der Psychiatrie entsprungen war: »MADAM, SIE BEFINDEN SICH AN DER TACOTHEKE.«

Und dann war da noch diese Geschichte mit der lieben kleinen Dame, die es nicht mehr weit bis Tüddelhausen hatte:

Lola und Ned saßen am gleichen Bingo-Tisch und gingen oft zusammen nach Hause, wobei sie immer die Abkürzung über den Friedhof nahmen.

Eines Abends ging Ned schon eher, so dass Lola alleine nach Hause gehen musste. Als sie halb durch den Friedhof war, hörte sie, wie jemand rief: »Hilfe! Hilfe!« Sie ging der Stimme nach und kam an ein offenes Grab. Sie schaute hinein, und da lag Ned.

»Hilf mir«, sagte er. »Mir ist kalt.«

Lola dachte angestrengt nach. *Ist Ned tot? Das muss ich glatt vergessen haben!* Und sie sagte: »Bleib ganz ruhig, Ned, ich hole sofort Hilfe. Ist ja kein Wunder, dass dir kalt ist, wenn du die ganze Erde weggestrampelt hast!«[1]

»An so einem Morgen fühlt man sich richtig jung!«

ICH BIN NUR »VON AUSSEN« ALT

Ja, wir lachen über diese Geschichten – solange sie nicht über uns selber gehen! Wir glauben wacker, dass dann, wenn unser Gesicht schrumpelig wird, unser Gehirn immer noch brav weiterläuft wie ein gut geölter Motor. Wenn die anderen uns nur glauben würden, dass es nicht unsere Schuld ist, wenn uns die dümmsten Sachen passieren. Wie bei den beiden gestandenen Lehrerinnen, die kürzlich in den USA einen Safaripark besuchten, um zu sehen, ob das etwas für einen Ausflug mit ihren Drittklässlern wäre. Es war ein Park von der Sorte, wo man mit dem Auto durchfährt und durch die geschlossenen Fenster die diversen exotischen Tiere bewundert. Eine der Grundregeln lautet: »Wenn ein Tier die Straße überquert, dann halten Sie an und warten Sie.«

Was genau das ist, was die beiden Pädagoginnen taten. Sie hielten an und schauten verzückt zu, wie ein riesiger Elefant vor ihnen auf die Straße trat. Aber er überquerte sie nicht brav, sondern blieb mitten auf ihr stehen, so dass die beiden Damen nichts mehr durch die Windschutzscheibe sehen konnten. Und dann geschah das Unerhörte: Der Elefant drehte sich um, zögerte einen Moment und *setzte sich* auf die Kühlerhaube! Die Damen hörten, wie das Auto ächzte und krachte, und einen schrecklichen Augenblick lang erwarteten sie, dass das Tier sie gleich mit zerquetschen würde. Doch der Elefant fand seine Sitzgelegenheit offenbar unbequem, erhob sich wieder und machte sich davon, die beiden entsetzten Damen und ihr demoliertes Auto hinter sich lassend.

Zum Glück ließ der Wagen sich noch fahren, und die beiden machten, dass sie aus dem Park hinauskamen. An der ersten besten Stelle, wo man halten konnte – einem Restaurant –, inspizierten sie den Schaden. Sie waren viel zu durcheinander, um etwas zu essen, aber sie gingen in das Restaurant, um zu sich zu kommen und (was sie sonst nie taten) ein Gläschen Wein für die Nerven zu trinken.

Als sie ihren Wein getrunken hatten, setzten sie sich wieder in ihr lädiertes Auto, um nach Hause zu fahren. Inzwischen war es dunkel geworden, und nach ein paar Kilometern wurden sie von einem Polizisten angehalten, wegen ihrer Scheinwerfer. Der eine leuchtete himmelwärts, der andere war buchstäblich aus der Fassung und baumelte in der Gegend herum. Als die Fahrerin ihr Fenster öffnete, roch der Polizist ihre Weinfahne und befahl ihr, auszusteigen.

Es folgte ein volles Geständnis der beiden Lehrerinnen, die den Polizisten anflehten, sie nicht zu verhaften. Sie zeigten ihm die Schulbücher auf dem Rücksitz, die Eintrittskarten für den Safaripark und schworen Stein und Bein, dass sie die Wahrheit und nichts als die Wahrheit sagten. Er hörte ihnen sichtlich amüsiert zu, dann betrachtete er die Damen und das Auto, sein Gesicht nachdenklich. Die Damen, wohl wissend, dass ihr Schicksal jetzt in seinen Händen lag, hielten den Weinatem an.

Der Polizist knallte sein Knöllchenbuch zu und sagte den beiden, dass sie weiterfahren konnten. »Dann geben Sie mir also keinen Strafzettel?«, fragte die Fahrerin nervös.

»Madam«, sagte er, »wenn ich diese Geschichte aufschreibe, lachen die mich so aus, dass ich gehen kann. Fahren Sie halt in Zukunft nicht mehr in den Park, okay?«

Stellen Sie sich die Szene bildlich vor: Zwei hochanständige Lehrerinnen, die einem Polizisten ihr verbeultes Auto mit – einem Elefanten erklären ...

Reprinted with permission of Don Addis, St. Petersburg Times.

LACHEND 100 JAHRE WERDEN

Nachdem ich von einer neueren Studie der Harvard Universität gelesen habe, frage ich mich, ob meine Vorliebe für Lustiges nicht vielleicht ein zweischneidiges Schwert ist. Die Studie untersuchte, was Menschen, die über hundert Jahre alt werden, gemeinsam haben, und kam unter anderem zu dem Ergebnis, dass die meisten dieser Uralten »eine optimistische und meist auch lustige Ader haben. Humor ist ihr Lebenselement«, so einer der Autoren.[2]

Der Bericht bringt mich in eine Zwickmühle, weil ich einerseits gerne lache, andererseits aber sehnsüchtig auf die Posaune warte, die mich in den Himmel tuten wird! Ich bin mir nicht so sicher, ob ich überhaupt hundert werden will – und vielen anderen scheint es ähnlich zu gehen. Wie es in einem anderen Report heißt: »Das einst unerreichbare Ziel, 100 Jahre alt zu werden, rückt mit jedem Tag näher. Aber die meisten Amerikaner wollen gar nicht so lange leben.«[3]

Wenn wir 100 Jahre auf dem Buckel haben, wird unser Herz 3.681.619.200 Mal geschlagen und dabei über 100 Millionen Liter Blut durch unseren Körper gepumpt haben! Bei dem bloßen Gedanken muss ich mich setzen. Aber noch erstaunlicher war die Zeitungsmeldung, dass die Hundertjährigen die am schnellsten wachsende Gruppe der amerikanischen Bevölkerung sind. Und dass es fünf Mal so viel hundertjährige Frauen wie Männer gibt![4]

Aber im Augenblick scheint das Altwerden mein Schicksal zu sein, und manchmal fühle ich mich wie der Mann, der gefragt wurde, wie er es geschafft habe, so lange zu leben. Er zuckte die Achseln und erwiderte: »Ich bin halt nicht gestorben.«

GENIESSE DEN TAG

Nun gut, ich lebe also weiter, und da will ich Dinge tun, die produktiv sind – oder mich wenigstens zum Lachen bringen. Meine Post ist voll von Zeitungsausschnitten, die Freunde mir geschickt haben und die andere Menschen beschreiben, die noch im hohen Alter meine Liebe zum Leben und zum Lachen teilen. Hier ein paar Beispiele:

- Eine 98-jährige Frau aus Florida, die zweimal in der Woche tanzen geht. (Ihr Motto ist: »Lächle, und ein anderer wird auch lächeln, und dann lächeln immer mehr und das Leben ist lebenswert, weil du gelächelt hast.«)[5]
- Eine 72-jährige Läuferin aus Colorado, die seit 17 Jahren regelmäßig einen 10-Kilometer-Lauf hoch oben in den

Bergen gewinnt. Das letzte Mal wollte sie die Strecke in unter einer Stunde schaffen.[6]

- Eine 93-jährige Texanerin, die vor kurzem beim Malen eines historischen Wandgemäldes in ihrer Stadt half.[7]

- Eine 108 Jahre alte Frau aus Florida, die mit 70 Klavier und Orgel spielen lernte und mit 99 auf einem Kamel ritt und durch Israel wanderte. Die letzte Meldung war, dass sie mit Begeisterung die an ihre Webpage geschickten E-Mails las.[8]

- Zwei Frauen aus New York, die ihr erstes Buch (einen Bestseller) schrieben, als sie bereits über 100 Jahre alt waren.[9]

- Eine Frau aus Georgia, die mit 101 Jahren die älteste praktizierende Ärztin in den USA war.[10]

»Das ist nicht fair. Kaum werde ich wie meine Mutter, wird sie Großmutter.«

DEN HORMONHURRIKAN BESTEHEN

Wir Mädchen haben auf dem Weg in die Goldenen Jahre eine Extra-Hürde zu überwinden – die Wechseljahre. Wir schieben diesem Hormonhurrikan alle möglichen Wehwehchen in die Schuhe, von Hitzewallungen über Vergesslichkeit und Übergewicht bis zu Nahe-am-Wasser-Bauen. Wie schön ist es da zu wissen, dass es Frauen gibt, die diese lästige Lebensphase regelrecht feiern. Eine kürzliche Umfrage ergab, dass 52 Prozent der amerikanischen Frauen zwischen 45 und 60 die Wechseljahre »als den Beginn einer neuen, erfüllenden Lebensphase betrachten«.[11] *Das* sind die Frauen, neben denen ich einmal im Wartezimmer des Geriatrikers sitzen will!

Eines dieser optimistischen Mädchen muss die Dame gewesen sein, die mir eine niedliche kleine Puppe namens »Östrogenfee« schenkte. Die Puppe ist rundlich, weißhaarig und mit dem aus Comics bekannten Supermann- (Pardon: Superfrau!-) Kapuzenumhang ausgestattet. Das beiliegende Heft beschreibt praktischerweise gleich einige ihrer Abenteuer:

Eine Berührung ihres Zauberstabs, und sie zapft dein Östrogen an, in der Hoffnung, damit ihre eigene längst vergangene Jugend wiederzubekommen. Du fragst: »Woran merke ich, dass die Östrogenfee mich angezapft hat?« Nun, wenn du je eines der folgenden Symptome gehabt hast, dann war das die Fee:

- Du stehst in der Garage und weißt nicht mehr, ob du irgendwo hinfahren willst oder ob du schon da warst.
- Du fängst an zu heulen, wenn du eine rote Ampel siehst.
- Du wirst morgens mit der unwiderstehlichen Überzeugung wach, dass heute die Welt untergeht und dass dies deine Schuld ist.

- Die einzigen Männer, die dich anlächeln, sind Schönheitschirurgen.[12]

Und hier noch ein paar Zeichen, dass Sie irgendwo zwischen Östrogen und Tod schweben:

- Wenn Sie beim Tanzen die linke Hüfte nach vorne schieben, bleibt sie dort.
- Sie geraten außer Atem, wenn Sie auf der Treppe *abwärts* gehen.
- Beim Jahrgangstreffen halten die anderen Sie für eine ihrer früheren Lehrerinnen.

Wenn wir älter werden, wird alles langsamer – auch in unserem Kopf. Bill und ich haben dieses Phänomen beim Sehen einer unserer Lieblingsfernsehsendungen bemerkt, dem Quiz *Wer weiß es?*. Irgendwann fiel mir auf, dass ich erst etwas spät auf die richtigen Antworten kam, manchmal erst nach zwei oder drei Tagen. Dann kam der Abend, wo ich alles auf Anhieb wusste. Toll – bis ich merkte, dass es eine Wiederholung der Sendung von der letzten Woche war ...

Man merkt, dass man älter wird, wenn man immer mehr Fragen zur Geschichte selber miterlebt hat!

Ja, wir merken, wie sie vorbeigehen, die Jahre. Aber ab wann ist der Mensch *alt*? Woran erkennt man, dass man dieses Stadium erreicht hat? Ein Witzbold sagte einmal, dass man es daran erkennt, dass man sich nach den lieben alten Kirchenliedern zurücksehnt, zum Beispiel diesen:

- Kommt, sagt es allen weiter – etwas lauter, bitte!
- Führe mich, o Herr, und leite meinen Weg aus dem Parkhaus!
- Ich heb meine Augen sehnlich auf – wo ist meine Brille bloß?

Nicht, dass wir die Einzigen sind, die sich fragen, wann das Alter beginnt. Als Bill einmal zu einer Untersuchung zum Arzt musste, rief vorher die Sprechstundenhilfe an, um mir die Untersuchung zu beschreiben und zu sagen, was Bill vor und nach ihr zu tun und zu lassen habe. Sie wollte offenbar ganz sicher gehen, dass wenigstens einer von uns im Bilde war (dass Bill nicht mehr der Allerjüngste ist, wusste sie). Nun, wir plauderten noch ein, zwei Minuten, und dann holte sie Luft und sagte: »Sie klingen aber noch *rüstig*!«

Der Humorist Dave Barry sagt, dass das Alter in dem Augenblick beginnt, wo man erstmals eine Lesebrille aufsetzt. Er vergleicht diese Transformation mit der Verwandlung von Clark Kent in Superman, nur umgekehrt: »Er nimmt seine Brille ab und – schwupp! – ist er Superman; Sie setzen Ihre auf und werden – eine ältere Person.« Die Transformation geschieht natürlich nicht über Nacht. Bei Barry selber begann sie, als er 48 war, und zwar im Restaurant:

Erst dachte ich, dass das nichts mit mir zu tun habe – dass das Restaurant, vielleicht um Papier zu sparen, angefangen hatte, die Speisekarte mit Augenpulverbuchstaben zu bedrucken. Das Komische war nur, dass die anderen sie alle lesen konnten. Um nicht unangenehm aufzufallen, fing ich an, bei meinen Bestellungen einfach auf gut Glück auf einen der Buchstabenflecken zu zeigen.

Ich (zeigend): Ich hätte gerne dieses hier.

Kellner: ›Alle Preise inklusive Bedienung und Mehrwertsteuer‹?

Ich: Ja. Schön durchgebraten, bitte.

Bald fiel mir auf, dass *alles*, was ich las – Bücher, Beipackzettel, die Verfassung der USA – in den neuen Buchstaben gedruckt war. Ich entdeckte auch, dass ich absurderweise diese Buchstaben auf einmal doch lesen konnte, wenn ich mich genügend weit von ihnen entfernte. Ich nutzte die Entdeckung so gut ich konnte und bestellte eine Zeit lang von den Speisekarten der Leute an den Nachbartischen. »Ich hätte gerne noch einen Nachtisch«, sagte ich dem Kellner zum Beispiel. »Bringen Sie doch bitte den Herrschaften da drüben eine Speisekarte und bitten Sie sie, sie hochzuhalten.«[13]

»Ich bin jetzt in dem Alter, wo man drei Brillen braucht: eine zum Autofahren, eine zum Lesen und eine, um die beiden anderen zu finden.«

HERZLICHEN GLÜCKWUNSCH!

Viele von uns empfinden das Tempo des Lebens besonders stark, wenn sie einen »runden« Geburtstag feiern. Jedenfalls dann, wenn sie die mehr oder weniger sarkastischen Geburtstagskarten ihrer Freunde betrachten, die uns ab 30 unser Alter unter die Nase reiben. Mit dem 40. Geburtstag werden besagte

Karten richtig bösartig. Der Autor Max Lucado berichtet über die folgenden Geburtstagsgrüße, die er bekam, als er 40 wurde:

- »Man weiß, dass man älter wird, wenn man die Falten in den Socken glatt zu streichen versucht und merkt, dass man gar keine Socken trägt.«
- »Mit zwanzig ist es uns egal, was die Welt über uns denkt. Mit dreißig machen wir uns allmählich Gedanken, was die Welt über uns denkt. Mit vierzig stellen wir fest, dass die Welt gar nicht an uns denkt.«
- »Ich habe das Alter erreicht, in dem man sein Gebiss und sein Hörgerät braucht, um fragen zu können, wo man seine Brille gelassen hat.«
- »Vierzig ist, wer sich nicht mehr auf den Rücken, sondern unter dem Kinn klopft.«[14]

Jahrzehnte geht das so mit diesen Witzkarten. Und dann – hören sie auf einmal auf. Große Erleichterung? Nein, denn wir wissen genau, warum die Witze versiegen und der Ton sanfter wird (und die Buchstaben größer): Wir haben den Punkt erreicht, wo das, was auf den früheren Karten lustig war, nicht mehr lustig ist, weil es jetzt *wahr* ist!

Ein Grußkartenproduzent kommentierte, dass seine Firma früher die Alterssticheleien mit dem 40. Geburtstag einstellte. Doch inzwischen verstünden auch 50-Jährige Spaß. »Wir mildern es etwas ab, aber noch nicht sehr. Ab 60 hören wir mit den Witzkarten aber auf.« Eine andere Kartenfirma hat die gleiche Philosophie. Nach 50 werden dort aus den Witzen Komplimente: »Du siehst toll aus«, oder: »Schon wieder ein tolles Jahr geschafft!«[15]

Es ist schon seltsam, wie wir mit dem Älterwerden umgehen, nicht wahr? Jemand schickte mir mal einen kleinen Artikel, in dem es heißt, dass wir es als Kinder gar nicht erwarten könnten, älter zu werden. Kinder unter 10 geben nicht nur die Jahre, sondern auch die Monate an, die sie schon geschafft haben: »Ich bin (schon) viereinhalb.« Noch zukunftsorientierter ist der Teenager, der sagt: »Ich bin bald 16.« Mit 21 erreichen wir den Höhepunkt des positiven Alterungsprozesses; ab jetzt bekommt das Älterwerden negative Assoziationen. 29 klingt besser als 30, 39 definitiv besser als 40. Der 50-Jährige entdeckt mit mildem Entsetzen, dass er für die Werbebranche ein »Jungsenior« ist, ab 60 heißt es: »Haben Sie einen Seniorenausweis?« (klingt fast so ähnlich wie: »Haben Sie eine ansteckende Krankheit?«). Der 70-Jährige darf hören, wie »rüstig« er noch ist, der 80-Jährige, dass er »ein gesegnetes Alter« erreicht hat. Ab dann geht der Blick zurück nach hinten: »Stell dir vor, im April bin ich 92 geworden.«

Und diese Phasen kommen so schnell, dass man es manchmal gar nicht merkt, dass man – alt wird. Ann Landers berichtet, dass ihr jemand die folgenden Symptome für das Altwerden verriet:

- Das Leben beginnt zu zaubern. Du legst deine Schlüssel auf den Tisch, und auf einmal liegen sie oben auf dem Kühlschrank. Du legst die Fernbedienung auf den Fernseher und findest sie Stunden später unter dem Sofa wieder. Du steckst dein Portemonnaie in deine Handtasche, und am nächsten Morgen liegt es auf dem Beifahrersitz deines Autos.
- Du übst dich im Kopfrechnen. »Warte mal, als er starb, war er – und ich bin vier Jahre jünger, dann ist sie also – und ich bin – Nein, das kann nicht sein ...«
- Du bekommst die ZI-Krankheit (zu viel Information). Es reicht nicht mehr zu sagen: »Ich habe gestern meine Nachbarin besucht«, nein, jedes Detail der Wohnzimmereinrichtung muss beschrieben werden.
- Du lachst mehr über dich selber. Sei dankbar dafür, denn das kann nicht jeder. Wer nicht über sich lachen kann, kann über gar nichts lachen. Und wer keinen Humor hat, dem bleibt nur die Verzweiflung.[16]

Humor hat ohne Zweifel jene alte Dame in dem Pflegeheim, wo meine Schwester Janet jede Woche Klavier für die Bewohner spielt. Einmal erzählte die 93-Jährige ihr: »Morgens stehe ich immer auf und schaue in den Spiegel und weiß, wer ich bin.

Dann schaue ich auf den Kalender und weiß, was für ein Tag es ist. Und dann sage ich: ›Preis dem Herrn!‹«

Ganz anders war es bei Bill Cosbys Großvater. Als er an seinem 98. Geburtstag gefragt wurde: »Wie fühlt man sich so mit 98?«, erwiderte er kurz angebunden: »Das Warten hat sich nicht gelohnt!«

WARUM GIBT ES KEINE SOCKENHALTER MEHR?

Wie mag es diesen Uralten ergehen, wenn sie auf die vielen Veränderungen zurückblicken, die es während ihres Lebens gegeben hat? Bei einem Besuch in Nebraska erzählte mir eine Frau aus Omaha, wie ihre Großmutter darüber staunte, dass sie lange genug gelebt hatte, um Planwagen – und die Weltraumfähren zu erleben. Kurz darauf las ich eine Zeitungsnachricht über den Tod (mit 90 Jahren) des ersten Patienten, dem Penicillin das Leben gerettet hatte (das war 1942 gewesen). Und nicht lange danach kam ein Artikel über ein 500-Millionen-Dollar-Projekt einer amerikanischen Firma, das den »Bau eines Raumkreuzers zur Beförderung von Menschen aus einer Erdumlaufbahn zum Mond und zurück« zum Ziel hat, sowie über eine »Machbarkeitsstudie« einer anderen Firma über den Bau eines »Weltraumhotels«.[17]

Ja, es hat uns viel Neues gebracht, das 20. Jahrhundert. Aber wir haben auch viel Altes verloren. Als die Zeitung *USA Today* ihre Leser fragte, was sie in dem neuen Jahrtausend alles vermissen würden, lautete eine Antwort: die Sterne! Offenbar waren viele der Leser auf dem Land aufgewachsen, wo sie nachts im Garten stehen und das wunderbare Sternenzelt über sich studieren konnten, während heute die Lichterflut der Städte das himmlische Spektakel glatt überstrahlt.[18]

Der folgende kleine »Test«, den jemand mir schickte, erinnerte mich an einige der anderen Sachen, die es heute nicht mehr gibt – oder nur noch auf Flohmärkten und bei Liebhabern oder Spezialisten, aber nicht mehr im allgemeinen Alltag. Also: An wie viele der folgenden Dinge können Sie sich noch *aus Ihrem Leben* erinnern?

1. Handbetriebene Kaffeemühle
2. Waschbrett
3. Tretnähmaschine
4. Der Mann, der abends die Gaslaternen anzündete
5. Kabinenroller
6. Sockenhalter
7. Grammophon
8. Single-Schallplatten (45 oder 78 Umdrehungen)
9. Die Wochenschau im Kino
10. Sucherkameras, bei denen man alles von Hand einstellt
11. Spulentonbandgerät
12. Die »Vermittlung« bei Telefonferngesprächen
13. Steno-Unterricht in der Schule
14. Schreiben in Sütterlinschrift
15. Pferdedroschken als Taxis
16. Geldbriefträger
17. Zahnbohrer mit Fußantrieb
18. Autos ohne Anschnallgurte
19. Musiktruhe
20. Durchschlagpapier

Zählen Sie zusammen, wie viele dieser Dinge Ihnen wohlvertraut sind. Hier die Auswertung:

0: Sie sind noch ein junger Hüpfer.
1-10: Nicht mehr ganz taufrisch.
11-15: Sagen Sie niemandem, wie alt Sie sind.
Über 15: Sie sind älter als Methusalem!

Apropos Waschbrett: Eine Frau erzählte mir, wie ihre Großmutter, die zu den Wildwestpionieren gehört hatte, mehrmals im Jahr die große Wäsche erledigte. Sie trug die Kleider und Bettwäsche zum Bach, wo sie frisches Wasser in große eiserne Kessel goss und über einem Holzfeuer erhitzte. In dem heißen Wasser kochte sie die zuvor mit selbst gemachter Kernseife behandelte Wäsche, und zum Schluss musste sie sie von Hand auswringen. Was für ein Wunder der Technik, als dann die ersten (selbstverständlich handbetriebenen) *Waschmaschinen* kamen, nicht zu vergessen die Wringmaschine (der Vorläufer der Wäscheschleuder) ...

**»Ich mag das Wort ›pensioniert‹ nicht.
Ich betrachte mich als häuslichen Großvater.«**

Trauern wir ihr also nicht zu sehr nach, der guten alten Zeit, und seien wir dankbar für die Fortschritte, die es heute gibt. Kürzlich las ich in der Zeitung von einer siebzigjährigen Frau – also einer Frau, die lange vor dem Computer, dem Penicillin und vielen anderen Dingen geboren war –, die vor fast zwanzig Jahren bis auf einen winzigen Rest in dem einen Ohr ihr Gehör verloren hatte und nur noch schriftlich mit ihrer Familie verkehren konnte.

Dann hörte sie von einer neuen Operation, bei der ein winziges elektronisches Gerät in ihren Kopf eingesetzt würde, das das Gehör wiederherstellen könnte. Oder auch nicht; entweder das Ding funktionierte oder das bisschen Gehör, das sie noch hatte, wäre auch verloren. Die Frau beschloss, das Risiko einzugehen, denn sie war von der mutigen Sorte. Und sie war eine Christin, und als ihre Tochter an dem Morgen der Operation ihre tägliche Bibellese aufschlug, las sie mit großem Erstaunen diesen Vers: »Von nun an lasse ich dich Neues hören und Verborgenes, das du nicht wusstest« (Jesaja 48,6).

Mehrere Wochen lang musste die Operationswunde verheilen. Dann kam der Tag, wo der Arzt das implantierte Gerät einschaltete – und die Patientin konnte zum ersten Mal in zwei Jahrzehnten wieder die Stimmen ihrer Lieben hören![19]

Sind sie nicht mitreißend, solche Geschichten von mutigen Menschen? Und wenn diese Menschen siebzig sind, dann sind sie mehr als mutig, dann sind sie Helden.

Da ich eine lustige Ader habe, muss ich hier natürlich den Witz über den alten Mann erwähnen, der seit vielen Jahren sehr schwerhörig war. Er ging endlich zum Ohrenarzt und bekam ein Hörgerät verpasst, das sein Gehör völlig wiederherstellte. Als er einen Monat später zur Kontrolle wieder zu dem Arzt kam, sagte dieser: »Ihr Gehör ist jetzt perfekt! Da freut sich Ihre Familie aber sicher, nicht wahr?«

»O, denen hab ich noch gar nichts gesagt«, erwiderte der Alte. »Ich sitze nur da und höre zu. Hab schon drei Mal mein Testament geändert!«

Dieser alte Knabe hatte etwas entdeckt, das auch viele von uns gut brauchen können: dass es wichtig ist, *zuzuhören*. Vielen alten Menschen fällt das Zuhören ja schwer; sie wollen reden, reden, reden. Wenn wir einen Augenblick die Klappe halten und wirklich *hören* würden, was unsere Freunde und Lieben uns zu sagen haben, wir könnten so manches lernen – vielleicht sogar etwas, das uns unser Testament ändern ließe ...

KEIN PLATZ MEHR IM GEHIRN

Das Hörimplantat der 70-Jährigen erinnert mich daran, wie schön es wäre, ein Gerät gegen den Gedächtnisschwund in das Gehirn einpflanzen zu können. Ein Komiker hat einmal gesagt, dass ältere Menschen »ihr Gedächtnis verlieren, weil ihr Kopf randvoll ist, oft mit so nutzlosen Informationen wie dem Namen der Lehrerin, die sie im dritten Schuljahr hatten, oder dem Text von ›Alle meine Entchen‹«. Nun, ich weiß die Namen meiner Lehrer noch gut, aber wo habe ich bloß vorhin meine Brille hingelegt oder mein Portemonnaie oder meine Autoschlüssel? Vielleicht hat der zitierte Komiker Recht, wenn er eine Art Zusatzspeicher für unser Gehirn vorschlägt, den man sich um den Kopf schnallen kann. Oder eine Methode, überschüssige Information in unseren Bauch hinunterzuladen, »wo es jede Menge Platz gibt«.[20]

Der Mann hat Recht. Wenn wir nur mehr Raum hätten für all die Dinge, an die wir uns erinnern wollen, sie würden uns mehr bringen, die heute so beliebten Gedächtnistrainingskurse. Ein älteres Ehepaar hatte solch einen Kurs gemacht, und der Mann war hoch zufrieden; er fühlte sich wie neugeboren. Nun, die beiden treffen auf der Straße ihren Freund Paul, und der Mann sagt: »Paul, diesen Gedächtniskurs, den wir gerade gemacht haben, den musst du auch machen! Du glaubst ja nicht, was der dich in Schwung bringt!«

Paul sagt: »Das klingt ja toll! Wie heißt denn der Kurs?«

Der Mann sieht seine Frau an und fragt: »Wie heißt diese Blume noch mal – die mit dem langen Stiel und den Dornen?«

»Meinst du eine Rose?«, erwidert die Frau.

»Ja, genau! ... Rose, wie hieß dieser Gedächtniskurs noch mal?«

IN WÜRDE ÄLTER WERDEN

Eines der Dinge, die ich hoffentlich nie vergessen werde, ist der Rat, den die Dear-Abby-Kolumnistin Abigail Van Buren ihren Besuchern bei ihrem 80. Geburtstag gab. Danach befragt, was ihre größte Leistung sei, antwortete sie: »Dass ich überlebt habe.« Und sie gab gleich folgendes Rezept für das Älterwerden in Würde:

Weniger Angst haben und mehr hoffen. Weniger essen und mehr kauen. Weniger reden und mehr sagen. Weniger hassen und mehr lieben. Und niemals die Macht der Vergebung unterschätzen.

LEBEN UND LACHEN

Aufkleber:
Jesus kommt! Tu so, als ob du arbeitest!

Ein Reporter besuchte ein altes Ehepaar, das gerade seinen 65. Hochzeitstag gefeiert hatte. Es bewegte ihn, wie der Mann seine Frau ständig sein »Schätzchen«, »Liebste« und »Süße« nannte.

»Das ist ja echt schön, wie Sie Ihre Frau anreden«, sagte der Reporter.

»Sagen Sie es niemand weiter«, erwiderte der Alte, »aber seit zehn Jahren weiß ich ihren Namen nicht mehr.«

Jetzt, wo mein Gehirn weg ist, sehe ich alles viel klarer.

Zehn Gründe, warum es im Himmel so schön ist

10. Man kann das Vaterunser so beginnen: »Unser Vater, der du hier bist ...«
9. Wir bekommen eine Antwort auf die Frage »Warum?«.
8. Flügel.
7. Eine Ewigkeit guter Musik.
6. Echte Bögen aus Gold.
5. Unverbaubare Aussicht.
4. Statt »ohne Fleiß kein Preis« gibt es nur noch Lobpreis.
3. Wenn wir sagen: »O Gott ...«, hören wir: »Ja?«
2. Harfenunterricht.

Aber der Grund Nr. 1 ist:

1. Es gibt kein Fett mehr.

Fred W. Sanford

Älter werden ist leichter als weiser werden.

Die einen werden älter und kriegen mehr Gehirnschmalz, die anderen kriegen nur mehr Schmalz.

Das Schöne an jedem Morgen ist,
dass er uns eine Chance zum Neuanfang gibt.

Das Flugzeug ist gelandet.
Die Stewardess macht folgende Durchsage:

»Meine Damen und Herren, heute Abend haben wir einen ganz besonderen Gast an Bord. Er feiert heute seinen 96. Geburtstag, und dies war sein erster Flug. Beim Verlassen der Maschine dürfen Sie gerne ins Cockpit gehen und unserem Flugkapitän zum Geburtstag gratulieren!«

Nicht das Tempo des Lebens macht mir Probleme,
sondern der plötzliche Halt am Ende.

Drei Freunde unterhalten sich über den Tod. Der Erste sagt: »Wenn ihr im Sarg liegt und eure Freunde und Lieben stehen daneben und trauern, was würdet ihr am liebsten von ihnen hören? Also, *ich* hoffe, dass meine Leute sagen werden, dass ich einer der großen Ärzte meiner Zeit war und ein guter Ehemann und Vater.«

Der Zweite sagt: »Ich wünsche mir, dass sie sagen, dass ich ein liebevoller Ehemann und Vater war und ein begnadeter Lehrer und Freund der Jugend.«

Der dritte Mann denkt einen Augenblick nach und sagt dann: »Ich hätte gerne, dass sie sagen: ›DA, DER BEWEGT SICH JA! DER LEBT NOCH!‹«

Zwei Motorradfahrer brausen auf einer Harley eine Landstraße entlang. Der Fahrer hat seine Lederjacke verkehrt herum an, weil der Reißverschluss kaputt ist.

In einer Kurve rasen sie gegen einen Baum. Ein Bauer findet sie und ruft die Polizei.

»Gibt's noch Lebenszeichen bei den beiden?«, fragt der Polizist.

»Na ja, bei dem ersten schon«, antwortet der Bauer. »Bis ich ihm den Kopf richtig rumgedreht hab.«[21]

Kennen Sie schon die neuen Barbie-Puppen?

Gleitsicht-Barbie: Komplett ausgestattet mit Gleitsichtbrillen in sechs Schockfarben (auch Halbbrillen!), Brillenkette und Großdruckausgaben bekannter Frauenmagazine.

Hitzewallungs-Barbie: Ein Druck auf den Nabel, und Barbies Gesicht wird ganz rot und auf der Stirn erscheinen winzige Schweißtropfen. Komplett mit Handfächer und maßstabsgerechten Papiertaschentüchern.

Bart-Barbie: Erleben Sie, wie die hormonellen Veränderungen Barbies Schnurrbart wachsen lassen. Mit Haarzupfpinzette und Vergrößerungsspiegel.

Fußpflege-Barbie: Die vielen Jahre Disco-Tanzen und Stöckelabsätze haben ihren Tribut gefordert. Pflegen Sie Barbies entzündete Fußballen mit Bimsstein und Pflastern und ziehen Sie ihr anschließend Frotteepantoffeln an.

Faltenfrei-Barbie: Löschen Sie die lästigen Krähenfüße und Falten mit einer Hautcreme aus Barbies exklusiver Anti-Alterungs-Kosmetik-Kollektion.

Barbie jenseits der Wechseljahre: Macht sich beim Niesen die Schlüpfer nass, vergisst, wo sie ihren Schlüssel hingelegt hat, und weint viel. Komplett mit Mikro-Pampers und Papiertaschentüchern.

Ein kleiner Junge brachte seinen Leguan zum Kindergarten mit, um ihn den anderen zu zeigen. Leguane haben bekanntlich eine große Hautfalte unter dem Hals. Die Kinder wollten wissen, was diese Falte sei, und als der Junge es erklärte, sagte ein Mädchen: »O, so was hat meine Oma auch!«

Warum kommt bei den Menschen die Antike
nach dem Mittelalter?

Dieser Spruch von Mark Twain gehört an Ihren Spiegel: »Unsere Falten zeigen bloß, wo wir gelächelt haben.« Lächeln Sie jeden Tag mehr!

Lobe den Herrn, meine Seele, und vergiss nicht,
was er dir Gutes getan hat!
(Psalm 103,2 Luther)

BARBARA KOMMT ZUM REGENBOGEN

Oder: Worum es geht im Leben

Als Sam Butcher, der Schöpfer von Precious Moments, mir die Erlaubnis gab, einen Teil seines wunderbaren Bildmaterials in meinem Buch über das Sterben und den Himmel (*He's Gonna Toot and I'm Gonna Scoot!*) zu benutzen, war ich überglücklich. Er lud uns sogar zu einem Besuch seiner berühmten Precious-Moments-Kapelle bei Carthage (Missouri) ein, um seine Arbeit – und ihn selber – besser kennen zu lernen. Wir konnten die Kapelle besichtigen, den Springbrunnen und Sams Privatgalerie und ausgiebig mit Sam und seiner Super-Assistentin Larrene Hagaman plaudern. Es war ein so schöner Besuch, dass ich mich revanchieren wollte. »Du musst einfach zu einer unserer Women-of-Faith-Konferenzen kommen«, bettelte ich, »damit ich dich ein paar tausend von *meinen* Freunden vorstellen kann.«

Den Rest der Geschichte über Sams Auftritt in der Konferenz in Kansas City im Mai 1999 lassen wir am besten Larrene erzählen; sie hat mir erlaubt, ihren Artikel, den sie damals für das *Chapel-Bells*-Magazin schrieb, hier einzubauen:

Der bloße Gedanke, vor über 18.000 Frauen auf das Podium zu treten, gab Mr. Butcher schon eine Gänsehaut, und als Barbara dann noch meinte, dass er ja vielleicht etwas sagen könnte, war es ganz aus! Zuerst erklärte er sich bereit, sich den Damen vorstellen zu lassen und ihnen freundlich zuzuwinken – falls mein Mann, Darrell, mit dabei war. Dann wurde er mutiger und meinte, er könne ja »ein, zwei Sätze sagen«.

Die Kemper-Arena in Kansas City ist eine riesige runde Halle, und als wir uns vor der Konferenz mit Barbara, ihrem Mann Bill und den anderen trafen, sagte Mr. B.: »Ich muss kurz noch mal etwas darüber nachdenken, was ich sagen will.«

Frei übersetzt, bedeutet dieser Satz, dass er seine Ruhe braucht – und ich brauche Menschen um mich. Ich ging zu den anderen in die Garderobe und entdeckte, dass Barbara fast so nervös war wie er! Das ist nicht normal bei Barbara, die dieses Jahr in über 30 Städten sprechen wird, vor 8.000 bis 20.000 Zuhörern. Aber Mr. Butcher präsentieren, das machte sie nervöser, als wenn sie »Billy Graham oder den Papst« vorgestellt hätte, verriet sie mir, als wir die Garderobe verließen und im Flur hin- und herzugehen begannen, die Hälse gereckt, um zu sehen, in welcher Richtung Mr. B. verschwunden war. Es war ein riesenlanger Flur, der um das ganze Gebäude lief.

Ich versuchte, Barbara zu beruhigen, und wir gingen zurück zu den anderen in die Garderobe. »Das Schöne an diesen Konferenzen«, sagte eine der Damen gerade, »ist, dass sämtliche Herrentoiletten Damentoiletten werden!«

Was hatte die da gesagt? Das wusste Mr. B. ja noch gar nicht! Ich rannte zur Tür hinaus, packte Darrell am Arm und sagte: »Geh du in die Richtung, und ich in die hier! Sieh zu, dass du Mr. Butcher findest, und geht ja nicht in die Toilette!«

Darrell dachte, dass ich nicht alle Tassen im Schrank hätte, aber er trabte brav los, fand meinen Chef, und beide kamen gesund und munter zurück.

Kurz darauf traten wir auf das Podium der Riesenhalle, wo 18.000 begeisterte Frauen händeklatschend mit der Gospelgruppe mitgingen, die gerade zu Barbaras Teil dieser Riesenveranstaltung überleitete. Mr. B. war immer noch dabei, sich seine Gedanken zurechtzulegen, und wie üblich legte er sie gerade richtig zurecht. Alle, alle liebten ihn, als er auf die Worte zeigte, die er sich auf die Hand notiert hatte, und etwas schüchtern sagte: »Das sind meine Notizen!«

Ein Teil seiner Rede war eine echte Überraschung für Barbara. Er verkündete, dass die »Wohltätigkeitspuppe« dieses Jahres zum ersten Mal einen Namen haben und dass der Erlös Spatula Ministries zugute kommen würde.[1]

Die »Barbara-Wohltätigkeitspuppe« ist echt süß. Sie trägt einen Strohhut mit einer roten Geranie und hält einen Spachtel (*Spatula* bedeutet »Spachtel«) in der Hand. Durch ihren Bestseller *Stick a Geranium in Your Hat and Be Happy* (»Steck dir eine Geranie an den Hut und freu dich«; deutscher Titel: *Freude ist die beste Medizin*) ist Barbara ja als die »Geranien-Lady« bekannt geworden. Und mit ihrem Spatula Ministries hilft sie Eltern, die so fix und fertig wegen ihrer Kinder sind, dass sie an der Decke kleben und jemanden brauchen, der sie mit einem Spachtel voll Liebe wieder herunterkratzt. Barbara erhält viele Anrufe und Briefe von Eltern, deren Kinder zum Beispiel in die Schwulenszene oder in okkulte Sekten abgewandert sind. Sie hilft auch tatkräftig Menschen mit AIDS und ihren Familien. Im Dezember ruft sie immer persönlich hunderte von Personen an, die ein Kind verloren haben, um ihnen zu sagen, dass sie sie nicht vergessen hat; allein diese Telefonrechnung macht weit über 5.000 Dollar aus!

Der Vizepräsident des Verlags Word Publishing, Joey Paul, überreichte Mr. Butcher eine Plakette mit dem Umschlagbild von *Toot and Scoot* und einer reizenden Zeichnung der Geranien-Lady, wie sie sich nach unten beugt, um Timmy, den Engel, zu küssen. Die Plakette wird in der Galerie bei der Kapelle ihr Plätzchen finden und dort von jedermann zu bewundern sein.

Nach der Überreichung verschwanden wir in ein reizendes altes Restaurant, das ein paar Meilen von der Arena entfernt lag. Sue Ann Jones, Barbaras Lektorin, erklärte uns, dass am Abend zuvor in der Arena eine Precious-Moments-Sammlerin, Sarah Rawley, an Barbaras Büchertisch ein Exemplar von *Toot and Scoot* gekauft habe und ganz begeistert gewesen sei, als sie hörte, dass Mr. Butcher am nächsten Tag da wäre. Sie hatte prompt gefragt, ob er dann seine Bücher signieren würde, und Sue Ann hatte Nein gesagt, sich aber, lieb wie sie ist, angeboten, das Buch mit zu unserem Essen zu nehmen; vielleicht würde Mr. B. es dort signieren.

Als wir unser Restaurant betraten, wen sah Sue Ann da? Sarah, komplett mit Freunden und Familie. (Sue Ann erfuhr später, dass Sarahs Mutter *ihren* Tisch lange vor der Konferenz gebucht und keinen Schimmer gehabt hatte, dass wir auch da wären.)

Als wir es uns in unserem Nebenzimmer gemütlich machten, zog Mr. B. seine Jacke aus und rollte die Hemdsärmel hoch, dankbar für diesen »Verschnaufer« nach der überfüllten Halle. Sue Ann flüsterte mir ihre Entdeckung zu, dass Sarah in dem großen Saal saß, und ich versicherte ihr, dass Mr. Butcher bestimmt das Buch signieren und ihr sogar persönlich übergeben würde. Und so war es auch! Sobald er das mit Sarah hörte, schrieb er eine kurze Widmung in das Buch, ließ seine Hemdsärmel wieder hinunter, zog seine Jacke an und bedeutete Sue Ann, mitzukommen und ihm zu zeigen, wo Sarah saß. »Vergiss die Kamera nicht, Larrene!«, sagte er, schon halb durch die Tür; er wusste, dass Sarah ein Erinnerungsbild würde haben wollen.

So trotteten wir alle zurück zu dem großen Saal, um um die Ecke zu gucken, während Sue Ann Sam zeigte, wer Sarah war. Aber kaum erschienen ihre Köpfe im Türrahmen, als Sarah aufsprang. Sie hatte die Tür beobachtet!

Mit einem breiten Lächeln übergab Mr. B. das signierte Buch an Sarah. Wir schossen das Foto, das Sie hier sehen, und Sarah war selig.

Als Barbara etwas später zu Mr. B. bemerkte, wie nett sie seine Geste fand, die doch gar nicht selbstverständlich gewesen sei, war seine Antwort echt Sam Butcher: »Darum geht es doch, Barbara, nicht wahr?«

Und sie nickte, und ich musste denken: *Was für ein Vorrecht, dass diese beiden meine Freunde sind!*[2]

Sam Butchers Freundlichkeit rührte Sarah Rawleys Herz an – und meines.

Meine Freundschaft mit Sam Butcher und seiner fantastischen Assistentin, Larrene, hat mir einen Segen nach dem anderen gebracht. Nach zwanzig Jahren der Arbeit mit kaputten Familien und untröstlichen Eltern hatte ich mich für eine gewisse Expertin im Helfen gehalten, aber jedes Mal, wenn ich Sam treffe, lerne ich etwas Neues dazu. Als er dort in Kansas City sagte: »Darum geht es doch, Barbara, nicht wahr?«, sah ich in die Tiefen seines Dienerherzens hinein. Sam hat Recht. Anderen dienen – genau darum geht es beim Christsein!

Sam ist mir eine lebendige Demonstration der Wahrheit der folgenden »Geschenkliste«, die ein unbekannter Autor zusammengestellt hat:

Unbezahlbare Geschenke, die nichts kosten

Das Geschenk des Zuhörens: Unterbrich den anderen nicht, schweife nicht mit deinen Gedanken ab, lege dir nicht deine Antworten zurecht. Höre einfach zu.

Das Geschenk der Liebe: Sei großzügig mit (angemessenen) Umarmungen, Küssen, Schulterklopfen und Händehalten. Lass diese kleinen Gesten die Liebe zeigen, die du zu deinen Verwandten und Freunden hast.

Das Geschenk des Lachens: Gib lustige Geschichten, Cartoons und Witze weiter, die den anderen zeigen: »Ich lache gerne mit dir.«

Das Geschenk von ein paar lieben Zeilen: Sie können ein Leben lang in Erinnerung bleiben, ja das ganze Leben verändern.

Das Geschenk eines Kompliments: Ein aufrichtiges »Rot steht dir echt gut«, »Das hast du gut gemacht« oder »Das war ein wunderbares Essen« tut so richtig gut.

Das Geschenk einer Gefälligkeit: Bemühe dich, jeden Tag irgendeinem Menschen etwas Liebes zu tun.

Das Geschenk der Ruhe: Es gibt Zeiten, da wollen wir vor allem in Ruhe gelassen werden. Entwickle ein Gespür dafür, wann der andere seine Ruhe braucht.

Das Geschenk des Frohsinns: Die einfachste Methode, sich wohl zu fühlen, besteht darin, einem anderen ein nettes Wort zu sagen – und wenn es nur »Hallo« oder »Danke« ist.

Das Geschenk des Gebets: Sage deinen Freunden und Lieben, dass du für sie betest – und dann tu es!

DIE HEILENDE HAND

Wir sagen oft, dass Spatula Ministries einen Spachtel der Liebe nimmt, um Eltern, die vor all den Sorgen mit ihren Kindern an der Decke kleben, von dieser herunterzukratzen. Diese Eltern haben oft erwachsene Kinder mit AIDS, Süchten, sexuellen und anderen Problemen, auf die die Leute (oft auch die christlichen) mit Ablehnung und Verachtung reagieren – manchmal auch gegenüber den Eltern. Darum war ich so gerührt, als eine Freundin ihrem Brief das folgende P.S. hinzufügte:

Barbara, mach weiter so! Es gibt jede Menge Kirchen und christliche Programme, die für die 99 Schafe da sind. Aber du suchst das eine verlorene Schaf.

Diese Zeilen erinnerten mich daran, dass es vielleicht *meine* Arme sind, die sich nach dem »einen verlorenen Schaf« ausstrecken, aber dass es Gottes Liebe ist, die die Heilung vollbringt. Wie jemand einmal sagte:

Aufgerissene Haut verheilt in ein paar Tagen ... gebrochene Knochen in Wochen oder Monaten ... zerbrochene Herzen manchmal nach Jahren ... zerbrochene Seelen nur durch die Gnade Gottes.

Sam Butcher teilt diese meine Liebe zu den Ausgestoßenen. Wie in jener Predigt über den Aussätzigen im 1. Kapitel des Markusevangeliums, von der mir Larrene kürzlich eine Kassette gab. Sam bemerkte, dass dieser Aussätzige täglich ein dreifach Verurteilter war. Er war verurteilt durch seine Krankheit, durch seine Verwandten und Freunde und durch die Gesellschaft und das Gesetz. In Jesu Tagen hielt alles Abstand von einem Aussätzigen; manche hatten Angst, dass er sie anstecken könnte, wenn sie ihn auch nur ansahen.

Dies müssen wir wissen, so Sam, wenn wir uns vorstellen, wie die Menge sich damals um Jesus drängte und alle etwas von ihm wollten. Plötzlich teilt sich die Menge; jeder rückt ängstlich zur Seite: Nur nicht diesen Aussätzigen berühren, der sich da mutig einen Weg zu Jesus bahnt! Doch Jesus bleibt stehen. Und dann tut er etwas, das die anderen staunen lässt. Die Bibel berichtet: »Jesus hatte Mitleid mit ihm und berührte ihn« (Markus 1,41).

Eine einfache Berührung ... und sie veränderte alles!

Jesu Beispiel zeigt uns, dass wir nicht große Klimmzüge und Heldentaten veranstalten müssen, um unserem Nächsten zu dienen. Manchmal ist alles, was es braucht, die Hand, die sich zu dem Unberührbaren ausstreckt und ihm Gottes Gnade bezeugt.

Wir tun Gottes Werk, weil Gott versprochen hat, in und durch uns zu wirken. Schauen wir uns nur einmal die folgende Liste der Verheißungen Gottes an, die ein kluger Mensch zusammengestellt hat:

WAS GOTT UNS VERSPRICHT

Ich will dich nicht verlassen noch von dir weichen. (Josua 1,5)

Ich will heben und tragen und erretten. (Jesaja 46,4)

Ich stärke dich, ich helfe dir auch, ich halte dich durch die rechte Hand meiner Gerechtigkeit. (Jesaja 41,10)

Ich bin mit dir und will dich behüten, wo du hinziehst. (1. Mose 28,15)

Du bist mein Schirm, du wirst mich vor Angst behüten, dass ich errettet gar fröhlich rühmen kann. »Ich will dich unterweisen und dir den Weg zeigen, den du gehen sollst; ich will dich mit meinen Augen leiten.« (Psalm 32,7-8 Luther)

Rufe mich an, so will ich dir antworten und will dir kundtun große und unfassbare Dinge, von denen du nichts weißt. (Jeremia 33,3)

Denn der HERR, dein Gott, ist bei dir, ein starker Heiland. Er wird sich über dich freuen und dir freundlich sein, er wird dir vergeben in seiner Liebe und wird über dich mit Jauchzen fröhlich sein. (Zefanja 3,17)

DIE KLEINE GESTE

Als unser Sohn Steven in Vietnam gefallen war, wurde er mit militärischen Ehren auf einem Friedhof in unserer Nähe beigesetzt. Meine Erinnerung an diesen Tag ist ein Nebel aus schmerzlichen, aber auch Mut machenden Szenen. Aber der wichtigste Augenblick dauerte nur eine Sekunde; er war eine winzige Geste der Achtung, die mich jetzt seit fast dreißig Jahren tröstet. Am Ende der militärischen Zeremonie faltete die Ehrenwache die Flagge, die auf Stevens Sarg lag, sorgfältig zusammen. Man übergab sie an den Führer der Ehrenwache, der darauf langsam die paar Schritte zu unserer Bank ging. Es war die sekundenkurze Geste, die der Soldat machte, bevor er uns die Flagge überreichte, die sich mir durch all die Jahre ins Gedächtnis gebrannt hat. Er drückte sie ganz kurz an sein Herz und reichte sie dann Bill.

Sie werden es vielleicht nie erfahren, wie die einfachsten Freundlichkeitsgesten oder die kürzesten Hoffnungsbotschaften auf die anderen wirken. Als ich auf einer Konferenz erzählte, wie einige der Frauen einer AIDS-kranken Prostituierten geholfen hatten, die sich in die Halle verlaufen hatte, fand ich anschließend am Büchertisch die folgende Nachricht für mich vor:

Liebe Barbara,
danke! Ich bin Polizistin und Mutter von vier Kindern. Meine 21-jährige Tochter ist drogensüchtig und eine Prostituierte. Danke für die Hoffnung.

Als ich den etwa 10.000 Frauen dort von der AIDS-Kranken erzählte, wollte ich sie eigentlich nur allgemein motivieren – sie ermutigen, den Gedanken »Was würde Jesus tun?« in die Tat umzusetzen. Aber für diese eine Frau brachte ich eine Hoffnungsbotschaft – die Hoffnung, dass irgendwo da draußen vielleicht ein Christenmensch sei, der sich *ihrer* Tochter erbarmen und sie zu Christus führen würde.

Etwas Ähnliches geschah, als ich vor einigen Jahren mit den Women of Faith in einer Stadt im Süden der USA war. Meine Betreuerin dort war eine perfekt durchorganisierte Frau, die nicht nur für einen reibungslosen Ablauf der Konferenz sorgte, sondern uns auch die Stadt und die nahe gelegenen Plantagen zeigte und uns einiges über ihre sehr interessanten Vorfahren erzählte. Sie wusste kaum etwas über meine Bücher oder meine Arbeit mit Eltern von Homosexuellen. Sie wusste überhaupt wenig über »diesen Lebensstil«, außer dass sie einen Vetter gehabt hatte, der im Unterhaltungs-Business ein ziemlich bizarres Leben geführt hatte.

Sie fuhr meine Helfer und mich von unserem Hotel zu der Konferenzhalle, als sie uns die Geschichte erzählte. Ihr Entertainer-Vetter hatte sich vor etlichen Jahren einer der ersten Geschlechtsumwandlungsoperationen unterzogen. Dann war er Christ geworden und hatte die Operation rückgängig machen lassen. Die Klatschspalten der Illustrierten waren voll gewesen davon, zum hellen Entsetzen seiner Verwandten. »Wir wussten jede Einzelheit«, sagte meine Betreuerin, »aber niemand sprach mehr über ihn. Er existierte sozusagen nicht mehr. Aber mir war er immer lieb. Wir waren als Kinder gute Freunde gewesen, und ich mochte ihn bis zu seinem Tod vor ein paar Jahren«, schloss sie traurig.

Mehrere Einzelheiten in der Geschichte waren mir vage bekannt vorgekommen. »Und wie hieß er?«, fragte ich.

»Perry Desmond«, antwortete sie.

»Perry Desmond! Den hab ich gut gekannt!«, rief ich aus. »Perry Desmond war super! Wir haben sogar ein paar Sendungen zusammen gemacht. Einmal haben wir im gleichen Hotelzimmer übernachtet. Als wir in dem Hotel ankamen, gab es nicht genug Zimmer, und niemand wollte eines mit ihm teilen – er *war* ja auch ein bisschen komisch –, und da hab ich gesagt: ›Von mir aus kann er zu mir‹ – oder nicht *er*, sondern *sie* oder was immer er gerade war. Er war so lustig und hatte solch ein Talent. Als er gestorben war, hielten wir unten in Kalifornien einen kleinen Gedächtnisgottesdienst für ihn ab – seine engsten Freunde und die Leute, mit denen er gearbeitet hatte. Irgendwo muss ich noch das Video haben mit all den Blumen und Kränzen und Beiträgen seiner Freunde.«

Unsere Gastgeberin brach plötzlich in Tränen aus. Was hatte ich da nur Falsches gesagt? Schließlich fasste sie sich wieder und sagte: »O, Barbara! Ich habe Perry so gemocht, und es tat mir so weh, wie sie ihn alle behandelten, sogar seine nächsten Verwandten. Du kannst dir ja nicht vorstellen, was es mir bedeutet, jetzt zu hören, dass er Freunde wie dich hatte – dass es ein paar Menschen gab, die nett zu ihm waren.«

Das ist das Leben

»Angenehme Ewigkeit.«

Selber Mutter eines homosexuellen Sohnes, weiß ich nur zu gut, wie weh es tut, sich vorzustellen, wie so ein Mensch abgelehnt oder ausgelacht wird. Wenn ich heute jemandem begegne, der Probleme mit der Homosexualität hat (oder mit seiner »Geschlechtsidentität«, wie es heute heißt), dann denke ich nicht mehr: *Was für ein komischer Typ!*, sondern: *Dieser Mensch hat eine Mutter.* Ich habe festgestellt, dass diese Einstellung mein Verhalten um einiges verändert. Ein unbekannter Autor hat das, was ich meine, so ausgedrückt:

Siehst du sie auch, Herr Jesus? Ganz allein und verloren steht sie da am Rand des Spielplatzes. Ihre Kleider sehen komisch aus, ihre Frisur ist merkwürdig – und, ja, ihre Sprache ist auch komisch.

Du kennst sie, Herr. Das hässliche kleine Entlein, das ganz allein da steht, weil die anderen Entlein finden, dass es nicht zu ihnen passt.

Was kann ich tun, Herr? Ich kann die anderen Kinder doch nicht zwingen, sie mitspielen zu lassen. Das würde nur alles noch schlimmer machen, jeder würde ihr Elend sehen.

Ich sehe das Kind dort stehen, und ich schlucke, beiße mir auf die Lippe und schaue zur Seite. Warum, Herr Jesus, warum? Warum gibt es diese Ausgestoßenen am Rand des Spielplatzes, am Rand unseres Wohnviertels, am Rande der Kirche? Wenn ich etwas zu sagen hätte, gäbe es das nicht. Niemand wäre einsam, weil er nicht die richtigen Kleider hat oder nicht die richtige Frisur oder weil er lispelt. Wenn dies *meine* Welt wäre, alle Entlein wären, ja, *präsentabel ...*

Aber ich weiß, dass deine Wege nicht meine sind, Herr. Ich möchte Enten haben, die sich einfügen; du willst herrliche Schwäne. Du willst, dass deine Entlein darum wissen, wie unendlich wertvoll es ist, wenn einer schwach, demütig und nicht ganz »richtig« ist. Du möchtest, dass wir begreifen, dass der Schmerz, anders zu sein, vielleicht deine Art ist, etwas Großes aus uns zu machen.

Herr, bitte hilf mir, dieses einsame kleine Mädchen mit deinen Augen zu sehen. Zeige mir das Potenzial in seiner Demut, die Talente, die in ihm versteckt liegen, damit ich ihm zeigen kann, sie auch zu sehen. Hilf mir, ihm ... sich selber zu geben.

Danke, dass du mich daran erinnert hast, dass niemand die Ausgestoßenen mehr liebt als du, Herr Jesus. Keiner fühlt mehr mit mit den Verlassenen und Einsamen als du, der du deine Arme am Kreuz ausgebreitet hast, um die Ausgestoßenen, die Außenseiter, die Aussätzigen, die Krüppel und die Komischen zu dir zu ziehen.

O Jesus! Öffne deine Arme wieder und ziehe dieses kleine Mädchen an dich ... und mich.

VOM SEGEN, EIN SEGEN ZU SEIN

Die Gelegenheiten, Gutes zu tun, sie gehen so schnell wieder vorüber. Es reicht nicht, das einsame kleine Mädchen zu sehen und einen Stich im Herzen zu spüren. Wir müssen mehr tun, als es zu bedauern und für es zu beten. Wir müssen es *berühren*, so wie Jesus damals den Aussätzigen berührte.

Bei einem Nationalen Gebetsfrühstück in Amerika sagte einmal einer der Redner: »Jeder von uns hat von dem allmächtigen Gott eine ganz bestimmte Aufgabe bekommen: dass wir die Menschen in unserer Einflusssphäre lieben und ihnen dienen. Wir sind gesegnet, um selber ein Segen zu sein; wir haben bekommen, damit wir geben können.«

Ich kann es schon gar nicht mehr zählen, wie oft ich »bekommen habe, damit ich geben kann«, und gesegnet wurde, damit ich ein Segen bin. Hier ein Beispiel dafür, wie eine Geste der Mitmenschlichkeit, die ich empfing, im Laufe der Jahre ihre

Kreise zu anderen zog, wie der berühmte Kieselstein, den man ins Wasser wirft.

Die Geschichte begann 1973, als unser Sohn Tim, der damals Anfang 20 war, zusammen mit einem Freund eine Tour nach Alaska machte. Sie hatten vor, nur ein paar Tage zu bleiben, die Sehenswürdigkeiten abzuhaken und dann zurück nach Hause zu kommen. Dann wurden sie an einer Tankstelle in Anchorage von einem freundlichen Einheimischen angesprochen, der ihr kalifornisches Nummernschild sah und fand, dass sie aber von weit her kamen. Ich hatte Tim schon als kleinem Jungen eingeschärft, nicht zu Fremden ins Haus zu gehen, aber er und sein Freund nahmen die Einladung dieses Mannes, bei ihm zu Abend zu essen, prompt an. Er war ein Jugendpastor, und an diesem Abend erwartete er mehrere andere junge Leute zu einem Hausbibelkreis.

Der Abend muss den Jungen gefallen haben, denn sie blieben nicht nur zum Essen, sie blieben zwei volle Monate! Der aufmerksame Jugendpastor, Ted McReynolds, und seine Frau Joanne öffneten ihr Heim für diese beiden jungen Abenteurer aus dem fernen Kalifornien. Während sie dort bei Ted und Joanne wohnten, veränderte sich Tims Leben. Er war natürlich christlich erzogen worden, aber dort in Alaska funkte es gleichsam in seiner Seele, und er begann für Jesus zu brennen. Er ließ sich taufen und übergab sein Leben neu dem Herrn Jesus. (Ich weiß noch, wie mich das etwas fuchste. *Ist ihm das Wasser in unserer Kirche nicht gut genug?,* dachte ich.) Ich konnte es gar nicht erwarten, dass er zurück nach Hause kam und uns erzählte, was er alles erlebt hatte.

Nun, auf dem Rückweg von Alaska, rief Tim mich eines Mittags von White Horse im Yukon-Territorium in Kanada an und sagte mir: »Mutter, ich bin ein ganz neuer Mensch geworden. In fünf Tagen bin ich zu Hause und werde dir alles erzählen!«

Wie freuten wir uns darauf, ihn wiederzusehen und zu hören, wie Gott in seinem Leben gewirkt hatte. Aber es sollte nicht sein. Nur ein paar Stunden später (wir saßen gerade beim Abendessen) kam ein Anruf von der kanadischen Polizei: Tim und sein Freund waren bei einem Zusammenstoß mit einem betrunkenen Autofahrer ums Leben gekommen.

In den furchtbaren Tagen nach diesem Unfall riefen uns Ted und Joanne an. Sie wollten nach Kalifornien kommen, um uns persönlich zu erzählen, was mit Tim in Anchorage geschehen war – eben die Geschichte, die Tim uns selber hatte erzählen wollen. Als sie dann da waren, baten wir Ted, bei dem Trauergottesdienst für die beiden Jungen mitzuwirken. Sein Bericht, wie Tim sein Leben dem Dienst an Jesus geweiht hatte, war ein gleißender Hoffnungsstrahl.

Von Ted und Joannes Beispiel angesteckt, beschloss ich auf der Stelle, ab jetzt anderen Eltern in ihrer Not zu helfen und ihnen die Ermutigung und Hoffnung zu geben, die wir von Ted und Joanne empfangen hatten. Wo immer möglich, wollte ich Eltern helfen, deren Herz durch den Verlust eines Kindes gebrochen war. Bill und ich hatten schon fünf Jahre zuvor, als Steven in Vietnam fiel, ein paar Schritte in diese Richtung getan, aber jetzt arbeiteten wir mit doppelter Energie. Später, als wir unseren Sohn Larry an die Schwulenszene verloren, begannen wir, auch *diesen* Eltern zu helfen.

Heute, in der Rückschau, sehe ich, dass die Liebe, die Ted und Joanne uns damals erzeigten, wie der berühmte Kieselstein war, den jemand in einen Teich wirft. Ihre Liebe zog Kreise der Liebe in meiner Seele, und heute darf ich schon seit 30 Jahren diese Liebe an andere Menschen weitergeben. Das Ergebnis sind über ein Dutzend Bücher, die zum Teil zu Bestsellern wurden, plus zahlreiche Vortragsreisen in ganz Amerika und Tausende von Kontakten mit Eltern, die ihre Kinder durch Tod oder Entfremdung verloren haben. Darüber hinaus bin ich in Dutzenden von Fernseh- und Radioshows im ganzen Land zu Gast gewesen, als Botschafterin der Hoffnung, die mir damals, vor so vielen Jahren, die McReynolds geschenkt hatten.

Eine dieser Radioshows kam vor wenigen Jahren, bei der Women-of-Faith-Konferenz in Denver, als Segensbumerang zu mir zurück. Jemand anderes warf einen neuen Kieselstein der Hoffnung ins Wasser, der neue Kreise zog, und ich durfte dabei ein kleines Abenteuer der besonderen Art erleben.

Die Sache begann fünf Jahre, nachdem ich angefangen hatte, den Segen der Hoffnung, den die McReynolds uns gegeben hatten, weiterzugeben. Ein junger Arzt war mit dem Auto von Houston nach San Francisco unterwegs. Sein jüngerer Bruder hatte Selbstmord begangen, und jetzt musste er die Beerdigung organisieren. Er schaltete das Autoradio ein und landete in einer *Focus-on-the-Family*-Sendung, einer christlichen Sendereihe über Ehe und Familie. Es war die Aufzeichnung eines vor mehreren Monaten aufgenommenen Interviews mit mir. Dr. James Dobson, der Moderator der Sendung, fragte mich gerade: »Barbara, was sagst du eigentlich den Verwandten von Selbstmördern?«

Ich antwortete, dass ich den Eltern immer sage, dass jemand, der Selbstmord begeht, anschließend »einem gerechten und liebenden Gott gegenübertritt«. Und ich fügte noch ein paar andere Dinge über den seelsorgerlichen Umgang mit solchen Familien hinzu.

Am Ende der Sendung gab der liebe Dr. Dobson meine Telefonnummer bekannt. Nun, der junge Arzt in seinem Auto hörte sie, fuhr von der Autobahn ab und zur nächsten Telefonzelle und rief mich an. Er sagte: »Mein Bruder hat sich umgebracht, und ich bin gerade unterwegs, um die Beerdigung zu organisieren. Ich habe so etwas noch nie gemacht. Ich weiß nicht, was ich sagen soll, aber Sie sind mir heute ein Engel Gottes gewesen, Barbara. Sie haben mir alles gegeben, was ich für den Trauergottesdienst brauche, und deswegen rufe ich Sie jetzt an – um Ihnen zu sagen, wie Sie mir heute geholfen haben, ohne es zu wissen.«

Später habe ich diesen Arzt in Houston besucht und in seiner Gemeinde gesprochen, und danach besuchte er uns und wir wurden Freunde. Alle paar Wochen rief er mich an und sagte: »Ich brauche wieder mal ein paar Kisten mit deinen Büchern. Ich habe ja so viele Patienten, die Probleme haben!«

Fünfzehn Jahre lang versorgten wir ihn so mit Büchern für seine Patienten. Dann zog er in die Nähe von Denver.

Als die Women-of-Faith-Konferenz nach Denver kam, bekam Mary Graham, die Konferenzleiterin, im Hotel heftige Krämpfe in den Beinen. Als ich davon erfuhr, sauste ich sofort in ihr Zimmer. Ein Blick auf Mary, und ich rief meinen Doktorfreund, Doug, an.

Als er meine Stimme hörte, sagte er: »Barbara, was kann ich für dich tun? Du bist so viele Jahre mein Engel gewesen. Kann ich jetzt einmal deiner sein?«

»Und ob!«, antwortete ich. »Ich brauche deine Hilfe. Es geht um meine Freundin Mary. Sie leitet die ganze Konferenz hier, und jetzt kann sie kaum noch laufen vor Beinkrämpfen. Kannst du ihr vielleicht helfen? Ich habe schon zwei oder drei Drugstores angerufen, aber so spät abends hat nichts mehr offen, ich kann noch nicht mal Aspirin kriegen!«

Er sagte: »Warte eben. Ich rufe sie an, damit ich mir ein Bild machen kann, was sie genau hat, und danach werde ich eine Walgreen's-Filiale anrufen, die die ganze Nacht geöffnet ist. Sie liegt nicht im besten Viertel der Stadt, Barbara, aber wenn du da hingehen kannst, liegt die Medizin dort für dich bereit.«

Ich sagte: »Doug, ich bin schon im Bett und habe kein Auto und nichts. Wie soll ich da hinkommen?«

Er sagte: »Das wirst du schon deichseln, so wie ich dich kenne. Also, ich manage das mit der Medizin. Aber du musst der Patientin auch ein paar reife Bananen besorgen. Sie muss etwas essen, wenn sie die Medizin nimmt, und das Beste wären Bananen.«

Reife Bananen, und das mitten in der Nacht, wo sogar die Apotheken geschlossen waren? Aber gut, ich rief ein Taxi und sauste nach unten. In der Eingangshalle begegnete ich Liz, einer Campus-Crusade-Mitarbeiterin, die bei unseren Konferenzen mithilft. Sie war gerade vom Flughafen eingetroffen. Sie sah mich kurz an (ich trug Bills Hemd, hatte kein Make-up und war ungekämmt) und sagte: »Barbara! Was ist los?«

Ich erzählte es ihr, und sie sagte: »Ich fahr dich zu dem Drugstore.«

»Er soll aber in einem gefährlichen Viertel liegen«, sagte ich.

Liz antwortete: »Das ist egal. Komm mit.«

Der Mann an der Rezeption malte uns eine Skizze, wie wir zu dem Drugstore kamen, und wir fuhren los. Aber nach ein paar Straßen wussten wir schon nicht mehr, wo wir waren. Wir stoppten und schalteten die Innenbeleuchtung des Autos an, um wieder auf den Lageplan zu schauen. Im gleichen Augenblick erschien an meiner Tür das Gesicht eines Mannes; seine Mütze war fast bis über die Augen gezogen. Ich bekam einen Riesenschreck und rief: »Liz, fahr los, weg hier!«

Nun, wir fanden den Drugstore schließlich und bekamen die Medizin. Wir stiegen wieder ins Auto, und ich sagte: »Und jetzt müssen wir eigentlich noch reife Bananen kaufen. Aber es ist ja alles zu um diese Zeit.« Dann sahen wir, etwas weiter vorne, ein helles Neonschild mit den vier Buchstaben »F – O – O – D« (»Essen«). Es war wie ein Fingerzeig Gottes.

Wir fuhren auf den Kundenparkplatz, und ich sagte zu Liz: »Pass auf: Stell dich direkt vor die Tür. Du bist jung und hübsch, und ich bin alt und dick, mir tun sie nichts. Lass den Motor laufen und das Licht an und verriegele die Türen.« (Ich habe nicht viel Glauben. Ich habe eine Menge Freude, aber man kann nicht alle Gaben haben.) »Bleib vor der Tür stehen, dass keiner rein oder raus kann. Wenn ich nicht in fünf Minuten wieder da bin, dann hupe und hol die Polizei.«

Und ich ging in den Laden, und das Erste, was ich sah, war ein großer Tisch mit lauter wunderbaren gelben Bananen! Unglaublich! Es war das größte Wunder von allen. Ich nahm mir sieben oder acht von den Bananen, bezahlte, sprang zurück in unser Auto, und wir brausten mit unserer kostbaren Fracht zurück zu Mary.

Am nächsten Morgen rief Doug an. »Na, wie geht's unserer Konferenzpräsidentin?«

»O, der geht's gut«, sagte ich. »Sie kann wieder laufen wie ein Reh. Vielen, vielen Dank, Doug, du warst echt ein Engel.«

Er zögerte einen Moment, dann sagte er: »Barbara, ich habe mir was überlegt. Weiß du, was ich gerne anfangen würde, wenn du mir helfen könntest? Eine Arbeit für Leute wie dich – für Missionare und christliche Redner, die unterwegs sind und die Grippe oder Krämpfe kriegen. Dass die dann einfach eine bestimmte Nummer anrufen und mit einem christlichen Arzt verbunden werden, der ihnen hilft.«

»O, Doug, das wäre absolut toll!«, rief ich aus.

Und so werden sie immer größer, die Kreise in dem Teich ...

DER SEGENSBUMERANG

Wenn wir einen Segen an andere weitergeben, geschieht noch etwas. Ich weiß nicht, ob es den Gesetzen der Physik entspricht, aber ich weiß, dass es geschieht. Der Segen, den jemand als Kieselstein in den Teich geworfen hat, zieht nicht nur immer größere Kreise, er kommt wie ein Bumerang zu dem Werfer zurück. Wie eine verzweifelte Mutter mir in einem Brief schrieb: »Gott sorgt für mich, und da will ich für andere sorgen. Mit das beste Mittel gegen Depressionen ist, dass man etwas für seine Mitmenschen tut.« Und eine andere Christin schrieb mir: »Die Menschen, die Christus erlöst hat, sollten stets bereit sein, anderen das rettende Seil zuzuwerfen.«

Und das ist nicht nur eine Sondermeinung von ein paar Frommen, sondern die Wissenschaftler bestätigen es uns. Sie haben herausgefunden, dass »Menschen, die sich um andere kümmern, in ihrem Leben eine Vitalität, Sinn, Glück und Gesundheit bekommen, wie sie sie vorher nicht kannten«.[3] Wie bei jener 88-jährigen Mutter, die jeden Sonntag ihren 50-jährigen behinderten Sohn im Rollstuhl durch den Mittelgang ihrer Kirche zur vordersten Bank schob, wo sie beide am besten hören konnten. Jeden Sonntag bot sich jemand an, den Rollstuhl zu schieben, und jedes Mal lehnte die Frau dies dankend ab: »Wissen Sie, an Michaels Stuhl kann ich mich festhalten, damit ich nicht selber falle.«

Ja, wer anderen hilft, bekommt selber Hilfe. Nachzulesen in der Bibel – Sprüche 11,25.

Wer anderen zu trinken gibt, bekommt selber etwas ab.
(Nach Sprüche 11,25 Luther)

Es gibt so viele Möglichkeiten, Jesu Beispiel zu folgen und anderen zu dienen. Manchmal baut es unsere Mitmenschen schon auf, wenn wir die ganz normalen Dinge des Alltags mit fröhlichem Herzen tun. Der Brief einer Freundin, deren Onkel gerade gestorben war, hat mich daran erinnert:

Er war Christ und nie ernstlich krank gewesen. Dann fuhr er mit seiner Frau zu dem Autorestaurant, wo sie öfter aßen, und bestellte ein Frühstück für sie beide. Der junge Mann, der die Bestellung entgegennahm, erkannte die Stimme meines Onkels und sagte: »Kommen Sie, wir warten schon auf Sie!« Im gleichen Augenblick fasste mein Onkel sich an die Brust und sagte zu seiner Frau: »Auf Wiedersehen im Himmel!« Und dann war er tot.

Meine Tante brachte das Auto zum Stehen, und die Leute an der Theke rannten herbei, um zu helfen, aber es war schon zu spät.

Bei der Beerdigung meines Onkels sagte der Pastor: »Die Stimme im Lautsprecher mag die des Mannes gewesen sein, der die Bestellung annahm, aber ich glaube, die Worte, sie kamen von Jesus: ›Komm, wir warten schon auf dich.‹«

Ist das nicht wunderbar? Das ist uns ein großer Trost: zu wissen, dass Jesus selber unseren lieben Onkel willkommen geheißen hat – über den Lautsprecher in dem Restaurant!

Stellen Sie sich vor, Sie wüssten, dass Ihre Worte einmal das Letzte auf dieser Erde sein werden, das jemand anderes hört – würden Sie dann weiter so reden wie bisher? In der heutigen Welt ist es so einfach, ein Pessimist zu sein. Schwarz malen, mit Worten »wie Wind und Wolken, die keinen Regen bringen« (Sprüche 25,14), kann jeder. Christen sollten Wolken sein, die Menschen, die durch eine Wüste der Verzweiflung wanken, den warmen Regen des Segens und der Ermutigung bringen.

DAS BESTE ALLER GESCHENKE

Und das Allerbeste, was wir Menschen in Not geben können, ist die Hoffnung auf den Himmel. Schon oft in meinem Leben war dann, wenn ich wieder einmal im Sumpf der Verzweiflung gelandet war, mein Rettungsring die Gewissheit, dass »auch das vorübergehen wird«. Wir sind nur auf der Durchreise auf diesem Planeten, und Gott hat uns eine Wohnung im Himmel versprochen, in der es kein Elend und keinen Schmerz mehr geben wird, sondern nur Freude! Halleluja! Wie ein Freund einmal sagte: »Wenn wir alles über den Himmel wüssten, was Gott weiß, wir würden jedes Mal, wenn ein Christ stirbt, in die Hände klatschen.«

Der Familienzirkus

Reprinted with permission of Bil Keane.

»Oma hat Recht. Es gibt wirklich viele Menschen, die in den Himmel wollen.«

Die beste Illustration der Zukunft, die auf uns Christen wartet, ist die folgende Geschichte von einem unbekannten Autor:

Eine Frau, die eine unheilbare Krankheit hatte, hatte noch drei Monate zu leben. Sie rief also ihren Pastor an und bat ihn, doch zu kommen; sie wolle mit ihm über ihre Beerdigung sprechen.

Der Pastor kam, und sie sagte ihm, welche Lieder und Bibellesungen sie sich wünsche, auch, in was für Kleidern sie begraben werden wolle und dass sie ihre Lieblingsbibel mit ins Grab nehmen wolle. Der Pastor wollte schon wieder gehen, als ihr plötzlich noch etwas einfiel. »Warten Sie«, sagte sie ganz aufgeregt. »Da ist noch was.«

»Ja?«, sagte der Pastor.

»Das ist mir sehr wichtig«, fuhr die Frau fort. »Ich möchte mit einer Gabel in meiner rechten Hand begraben werden.«

Der Pastor sah die Frau an, sein Gesicht ein Fragezeichen.

»Das überrascht Sie jetzt, nicht wahr?«, sagte die Frau.

»Um ehrlich zu sein: eigentlich schon«, erwiderte ihr Pastor.

Die Frau erklärte ihm: »Also, ich bin bei so vielen Gemeindeessen dabei gewesen, und jedes Mal, wenn das Hauptgericht vorbei war und die Teller wieder abgeräumt wurden, beugte sich einer meiner Nachbarn zu mir und sagte: ›Behalte die Gabel.‹ Ich liebte diesen Satz, denn er bedeutete, dass das Beste noch kam: ein leckerer Nachtisch, zum Beispiel Schokoladenpudding oder Erdbeereis. Etwas ganz Besonderes wartete auf mich! Also, ich möchte, dass die Leute mich mit der Gabel in der Hand in meinem Sarg liegen sehen, und wenn sie dann fragen, was die Gabel soll, sollen Sie ihnen sagen: ›Behaltet eure Gabel, das Beste kommt noch.‹«

Mit Freudentränen in den Augen umarmte der Pastor die Frau und verabschiedete sich. Er wusste, dass er sie nicht mehr oft sehen würde. Und er wusste, dass dieses Gemeindeglied etwas über den Himmel begriffen hatte; sie *wusste*, dass etwas Besseres auf sie wartete.

Die Beerdigung kam. Die Trauergäste zogen an dem offenen Sarg vorbei, um die Tote ein letztes Mal zu betrachten. Sie sahen ihr Sonntagskleid und ihre Bibel, und dann sahen sie die Gabel in ihrer rechten Hand, und wieder und wieder hörte der Pastor die Frage: »Was soll denn die Gabel?« Und jedes Mal lächelte er.

Dann kam der Gottesdienst, und in der Predigt erzählte der Pastor der Trauergemeinde von dem Gespräch, das er mit der Verstorbenen gehabt hatte, und was es mit der Gabel auf sich habe.

Also: Wenn du das nächste Mal deine Gabel in die Hand nimmst, denke daran: ***Das Beste kommt noch!***

Diese »Gabelgeschichte« erinnert mich jedes Mal an einen anderen Lieblingssatz, der in einem Brief von einer Freundin steht. Sie schrieb: »Barbara, deine originelle Art, über den Tod zu schreiben, hat mich dazu inspiriert, selber eine Inschrift für meinen Grabstein zu entwerfen. Sie ist das perfekte Abschiedsgeschenk, das ein Christ seinen Lieben machen kann, eine Erinnerung daran, dass wir jetzt beim ›Nachtisch‹ der Ewigkeit sitzen:

> Weint nicht um mich.
> Ich bin jetzt endlich zu Hause.

Diese liebe Dame freut sich auf den Himmel. Ich auch. Der einzige Unterschied ist, dass es für mich vielleicht keinen Grabstein geben wird. Bill und ich möchten nämlich unsere sterblichen Überreste der Universität vermachen – wenn sie uns haben will!

»Ich habe ja immer vorgehabt, meinen Körper einmal der Wissenschaft zur Verfügung zu stellen, aber eigentlich wollte ich damit bis zu meinem Tod warten.«

Auch Billy Graham hat klar und deutlich gesagt, dass er sich auf den Himmel und die Ewigkeit freute. Die letzten Worte in dem Buch *Billy Graham: God's Ambassador* bringen dies so recht unübersehbar zum Ausdruck. Über die ganze Innenseite des hinteren Buchumschlags läuft dieser Text:

Eines Tages werden Sie lesen oder hören, dass Billy Graham tot ist. Glauben Sie kein Wort davon! Ich werde dann lebendiger sein als je zuvor. Ich werde nur eine neue Adresse haben, weil ich in die Gegenwart Gottes umgezogen bin.[4]

Eine Freundin von mir schrieb mir: »Ich bin in einem Dorf im östlichen Texas aufgewachsen. Wir hatten dort eine altmodische Sitte, die darin bestand, Menschen, die uns besucht hatten, ein Stück weit auf ihrem Heimweg zu begleiten. Als kleines Mädchen war ich richtig dankbar für diese Extrazeit, die ich so mit lieben Freunden verbringen konnte. Oft war dies das Allerschönste an so einem Besuch. Jetzt bin ich um einiges älter, und der Tag meines Lebens wird kürzer. Aber es ist mir ein großer Trost, dass ich zumindest einen Teil des Weges nach Hause zusammen mit einem himmlischen Freund gegangen bin – einem, der immer und überall mit mir geht.«

Und jetzt stellen Sie sich einmal vor, was für eine Freude es ist, diesen Segen mit jemand anderem zu teilen und ihn »ein Stück weit auf seinem Heimweg« in den Himmel zu begleiten! Wäre es nicht wunderbar, dort unter den Feiergästen im Himmel Menschen zu treffen, die uns sagen: »Durch DICH habe ich mich von Jesus in den Himmel einladen lassen«? Es wäre fast genauso schön wie diese Willkommensworte, mit denen unser Heiland uns begrüßen wird:

Kommt, ihr seid von meinem Vater gesegnet, ihr sollt das Reich Gottes erben, das seit der Erschaffung der Welt auf euch wartet.

Denn ich war hungrig, und ihr habt mir zu essen gegeben. Ich war durstig, und ihr gabt mir zu trinken. Ich war ein Fremder, und ihr habt mich in euer Haus eingeladen. Ich war nackt, und ihr habt mich gekleidet. Ich war krank, und ihr habt mich gepflegt. Ich war im Gefängnis, und ihr habt mich besucht ...

Was ihr für einen der Geringsten meiner Brüder und Schwestern getan habt, das habt ihr für mich getan! (Matthäus 25,34-36.40)

Wenn ich wirklich würdig bin, diese wunderbaren Worte einmal zu hören, dann stelle ich mir vor, wie ich dabei an die Worte von Sam Butcher denken werde, wie er sagte: »Darum geht es doch, Barbara, nicht wahr?«

DIVERSE DANKESCHÖNS

Wenn dieses Buch Ihr Herz wärmer oder Ihren Tag heller gemacht hat, dann liegt das nicht zuletzt an den vielen Freunden meiner Arbeit »Spatula Ministries«, die mir exakt zu diesem Zweck ihre Witze, Anekdoten, Gedichte und Einfälle geschickt haben. Wir haben fleißig versucht, jeweils die Quelle ausfindig zu machen, aber manchmal war dies einfach nicht möglich, und dann gab es wieder Fälle, wo zig Quellen für ein und denselben Text auftauchten. Falls Sie meinen, die Quelle eines Beitrags, der keine Quellenangabe hat, zu kennen, schreiben Sie bitte an den amerikanischen Verlag: Word Publishing, P.O. Box 141 000, Nashville, TN 37214, USA. (Oder an den deutschen, was billiger ist.)

Mein besonderes Dankeschön gilt:

Dem Mammographie-Artikel auf S. 89, der aus *And How Are We Feeling Today?* von Kathryn Hammer, © 1993, stammt. Mit freundlicher Genehmigung der NTC/Contemporary Publishing Group.

Der wunderbaren grafischen Gestaltung durch den stets geduldigen Dennis Hill.

Den wunderbar kreativen Illustrationen und der Geschichte zu Kolosser 3,12-14 von Marcey Hripak.

»If I Had My Child to Raise Over Again« von Diane Loomans. Aus dem Buch *Full Esteem Ahead* © 1994 von Diane Loomans, mit Julia Loomans. Mit freundlicher Genehmigung von H. J. Kramer, P.O. Box 1082, Tiburon, CA. Alle Rechte vorbehalten.

Den lieben Geschichten und Anekdoten, die Evelyn Maxey, Julie Hendry, Elizabeth Dent und Sarah Rawley beigesteuert haben.

»Top Ten Reasons Why Heaven's Looking Good«, von Fred Sanford. Mit freundlicher Genehmigung.

»Parallels between writing a novel and having a baby«, von Ed Stewart, im Frühjahr 1999 erschienen im *Page Turner's Journal* von Tyndale House Publishers und von mir in Kapitel 1 benutzt.

FÜR ALLE, DIE ES GENAU WISSEN WOLLEN: DIE ANMERKUNGEN

Kapitel 1: Warum Bücherschreiben wie Kinderkriegen ist

1. Die Idee zu diesem Vergleich habe ich aus Ed Stewarts Essay »An Author Speaks: Ed Stewart describes some parallels between writing a novel and having a baby«, der im *Page Turner's Journal*, einem Mitteilungsblatt des Verlags Tyndale, erschien, das der Frühjahr-1999-Ausgabe von *Marriage Partnership* und der März/April-1999-Ausgabe von *Today's Christian Woman* beilag. Mit freundlicher Genehmigung.
2. »*CBA Marketplace's* Top 10 Best-Selling Nonfiction Books of 1997«, *CBA Marketplace*, Februar 1998. 1999 war das Buch immer noch auf der Bestsellerliste.
3. Dave Meurer, *Boyhood Daze: An Incomplete Guide to Raising Boys* (Minneapolis: Bethany House, 1999), S. 17-18.
4. Adaptiert von: »Gladly«, Faith & Values Section, *Minneapolis Star Tribune*.

Kapitel 2: Wer sind diese Kinder, und warum nennen sie mich »Mama«?

1. Dru Sefton, »The Wonderful and the Wacky: Here's a motherload of moms who keep their kids in stiches«, *Kansas City Star,* 9. Mai 1999, G 1-2.
2. Linda Davenport, »Dancing with Mom«, *Kansas City Star Magazine,* 9. Mai 1999, S. 13.
3. Ursprüngliche Quelle unbekannt. Adaptiert von: Alice Gray, *Stories for a Woman's Heart* (Sisters, Oregon: Multnomah: 1999), S. 63.
4. Meryl Streep, zitiert in: Steve Persall, »Mother of Invention«, *Tampa Tribune,* 18. September 1999, D-1.

5. Robert Lee Hotz, »Pregnancy may increase brain power«, *Los Angeles Times,* wieder abgedruckt in der *Tampa Tribune,* 11. Dezember 1998.
6. Caryle Murphy, »Motorists see signs from ›God‹«, *Washington Post,* wieder abgedruckt in der *Denver Post,* 9. Juli 1999, S. 1.
7. Diane Loomans, »If I Had My Child to Raise Over Again«, *Full Esteem Ahead: 100 Ways to Build Self-Esteem in Children and Adults* (Triburon, Calif.: H. J. Kramer, 1994). Mit freundlicher Genehmigung.
8. Mike Atkinson, Mikey's Funnies, Youth Ministry on the Net: www.Youthspecialities.com 9. Meurer, *Boyhood Daze*, S. 13.
10. Mary Jo Malone, »Of love and leave-taking: Does it ever get easy?«, *St. Petersburg Times,* 6. April 1999, B1.
11. Barb Greco, in einem Brief an Oprah Winfrey in der *Oprah Winfrey Show*, 14. Juli 1999.

Kapitel 3: Wie man eine fröhliche Frau wird – so tun, als ob

1. Associated-Press-Autor Daniel Q. Haney, »Study: Mental stress can cause long-term damage to the heart«, *The Register*, 10. März 1999, S. 7.
2. »Liebe Brüder, wenn in schwierigen Situationen euer Glaube geprüft wird, dann freut euch darüber. Denn wenn ihr euch darin bewährt, wächst eure Geduld« (Jakobus 1,2-3).
3. Suzanne Farnham, Gründerin des Werkes »Listening Hearts« in Baltimore, zitiert in: Ed Stannard, »The Spirit speaks to us, if we can learn to listen«, *Episcopal Life,* Februar 1999, S. 16.
4. Norman Vincent Peale, *Enthusiasm Makes the Difference*. Dieser Auszug (sowie der Abschnitt über »so als ob«) nach Rob Gilbert, »The Three Most Powerful Words in the English Language«, ein *Bits-&-Pieces*-Heft, herausgegeben von The Economic Press, 12 Daniel Road, Fairfield, NJ 07004-2565.

5. Charles H. Gabriel, »Brighten the Corner Where You Are«, 1913.
6. George F. Will, »Pithy words of wisdom to Class of '99«, *Tampa Tribune,* 10. Juni 1999, A15.
7. William James, zitiert in: Gilbert, »The Three Most Powerful Words in the English Language«, S. 5.
8. Quelle unbekannt.
9. David Flick, »Don't Worry About Being Happy«, *Dallas Morning News,* Juli 1999.
10. *Bits & Pieces,* 15. Juli 1999, S. 7.
11. Ebd., S. 23.

Kapitel 4: Schönheitskurs für Fortgeschrittene

1. Sam Levenson, *In One Era and Out the Other* (New York: Simon and Schuster, 1973), S. 176-177.
2. Doreen Iudica Vigue, »Americans' appetite grows for all things gargantuan«, *Boston Globe*, wieder abgedruckt in *Memphis Commercial Appeal*, 18. April 1999, A18.
3. Ellen Goodman, »Americans grow into their food in giant economy-size portions«, *Boston Globe,* erschienen in der *Tampa Tribune,* 3. März 1999, S. 15.
4. »For some Nigerians, womanhood begins in ›fattening room‹«, *Los Angeles Times,* erschienen in der *St. Petersburg Times,* 16. Oktober 1998, 21A.
5. Kathryn Hammer, *And How Are We Feeling Today?* (Chicago: Contemporary Books, 1993), S. 72-73. Mit freundlicher Genehmigung.
6. Ich danke Darcey Hripak, Port Washington, New York, für diese reizende Geschichte und die Illustrationen.
7. Adaptiert von Peggy Ryan, zitiert in Roz Warren (Hg.), *Women's Lip* (Napierville, Ill.: Sourcebooks, 1999), S. 24.

Kapitel 5: Wir haben mit nichts angefangen, und das meiste davon haben wir noch

1. Jane Clapperton, »Finders Weepers«, *Woman's Day*, 2. Oktober 1984, S. 138.

2. »Don't leave the market without it«, *St. Petersburg Times,* 7. August 1999, Heim-und-Garten-Teil, S. 1.
3. »Strangers in Strange Lands«, *Arkansas Democrat Gazette,* 10. Januar 1999, H1.
4. »Objects of Desire: Sink Job«, *Denver Post,* 5. Juni 1999, Scene-Teil, S. 1.
5. Dave Gussow, »High tech @ home«, *St. Petersburg Times,* 21. Juni 1999, Tech-Times-Teil, S. 11.
6. Judy Stark (ed.), »No-dish Dessert«, *Tampa Tribune,* Homes 1, 22. Mai 1999.
7. Mary Hunt, »Tiptionary«, *Cheapskate Monthly,* Februar 1999, S. 7.
8. *Bits & Pieces,* 6. November 1997, S. 15.
9. 1. Korinther 13,1-8, nach *The Message,* mit zusätzlicher Paraphrase.
10. Tal D. Bonham und Jack Gulledge, *The Treasury of Clean Senior Adult Jokes* (Nashville: Broadman, 1989), S. 121.
11. Ebd., S. 103.
12. Ebd., S. 18.
13. Doc Blakely, »Laughter, the Best Medicine«, *Reader's Digest,* August 1999, S. 89.
14. Adaptiert von Phyllis Diller, zitiert in Warren, *Women's Lip*, S. 53.

Kapitel 6: Wenn sie *einen* Mann auf den Mond schießen können, warum nicht gleich alle?

1. George F. Will, »The Perils of Brushing«, *Newsweek,* 10. Mai 1999, S. 92, nach einem Report des Magazins *American Enterprize.*
2. Der Psychologe David Lewis, zitiert in: »Loose Change: Shopping. It's War«, *St. Petersburg Times,* 17. Januar 1999, Finanzen-&-Business-Teil, S. 1.
3. Tom Zucco, »Wild & Wooly«, *St. Petersburg Times,* 19. Februar 1999, Florida-Teil, S. 1.
4. Laura Bush, zitiert in *Redbook,* August 1999.

5. Jeffery Sobal, Cornell University, zitiert von Natalie Angier, New York Times Syndicate, wieder abgedruckt in »Marriage maxim adjusted«, *Denver Post,* 8. Juli 1998, 3F.
6. Maradee A. Davis, University of California (San Francisco), zitiert von Angier, »Marriage maxim adjusted«, ebd.
7. David Broder, *Washington Post* Autorengruppe, »An unmatched American Life«, *St. Petersburg Times,* 21. März 1999, 7A.
8. Charles Collins, »Serendipitous but eternal enmeshment«, *Oregonian,* First Person Singular, 14. Februar 1999, L3.
9. Adaptiert von *Episcopal Life,* März 1999, S. 2.

Kapitel 7: Wenn es abwärts geht, halten Sie die Straßenkarte wahrscheinlich verkehrt herum

1. Betty Boyd Eigenauer, »Good Times Await Seniors«, Leserbriefe, *Orange County Register,* Zeitungsausschnitt ohne Datum.
2. Associated Press, »Study finds similarities among people who live past 100«, *Tampa Tribune,* 20. April 1999, 8A.
3. Stephaan Harris, »Most reject the growing opportunity to live to 100«, *USA Today,* 26. Mai 1999, D1.
4. Knight Ridder Newspapers, »More Americans reaching 100, and they're healthier«, *St. Petersburg Times,* 18. August 1999, 4A.
5. Associated Press, »98-year-old dance student doesn't miss a single beat«, *Tampa Tribune,* 31. August 1998.
6. Rick Folstad, »A Class by Herself«, *Denver Rocky Mountain News,* 30. Mai 1999, 40R.
7. Anne Dingus, »Small Town Heroes«, *Texas Monthly,* März 1999, S. 144.
8. Associated Press, »At 108, woman recalls momentous, mundane«, *St. Petersburg Times,* 26. April 1999, 5B.
9. Eric Deggans, »Tale of two remarkable sisters«, *St. Petersburg Times,* 18. April 1999, 8F.

10. Annonce »At 101 years old, Leila Denmark, M.D., is the oldest practising physician in the U.S.«, *Wall Street Journal,* 15. September 1999, B5.
11. Associated Press, »Study: Women find menopause a fulfilling stage«, *St. Petersburg Times,* 5. September 1997, 4A.
12. »The Estrogen Fairy Tale«, ein Produkt von Don El, Pittsburgh, Penna.
13. Dave Barry, *Dave Barry Turns 50* (New York: Crown, 1998), zitiert in: Dave Barry, »Can You See Turning 50? Or, Turning 50, Can You See?«, *Dallas Morning News*, 27. September 1998, F1,7.
14. Max Lucado, *Wie du Gott ganz vertrauen kannst* (D-71087 Holzgerlingen: Hänssler, 1998), S. 68.
15. Michael Precker, »At What Year Should Those Birthday Messages Turn Kinder and Gentler?«, *Dallas Morning News,* 27. September 1998, F1,9.
16. Erschienen in der Ann Landers-Kolumne, Creators Syndicate, 14. Mai 1999.
17. »Life-Watch«-Kolumne, *Philadelphia Inquirer,* 3. Oktober 1999.
18. Craig Wilson, »The good old days, we hardly knew you«, *USA Today,* 3.-6. September 1999, S. 1.
19. Sue Landry, »A whole new world, in a sense«, *St. Petersburg Times,* 18. April 1999, F1.
20. Steve Martin, *Pure Drivel* (New York: Hyperion, 1998), zitiert in: Curt Schleier, »Two wild and crazy guys«, *St. Petersburg Times,* 27. September 1998, 6D.
21. »Laughter, the Best Medicine«, *Reader's Digest,* August 1999, S. 88.

Kapitel 8: Barbara kommt zum Regenbogen

1. Wenn Sie die Precious Moments »Barbara Johnson Charity Doll (PMC 1145)« bestellen wollen, finden Sie weitere Informationen unter www.preciousmoments.com im Internet.

2. Adaptiert von Larrene Hagamans Kolumne »From the Chapel«, in: *Chapel Bells Magazin*, Hg. Vicki Cash, Herbst 1999, S. 6-7. Erschienen bei Precious Moments, P.O.Box 802, Carthage, MO 64836.
3. »Successful Aging: A Lifestyle Choice«, ein Report über die MacArthur Foundation Study of Aging in America, *St. Louis Times,* August 1998, S. 7.
4. *Billy Graham: God's Ambassador* (New York: Time-Life, 1999).